76.01°

ABÉCÉDAIRE

Contenant, avec la figure des objets les plus communs, et leur nom inscrit au milieu, l'Histoire Naturelle des Animaux domestiques ou les plus connus, *moralisée*, et mise à la portée de l'enfance.

Ouvrage destiné pour les Pères et les Mères qui veulent donner à leurs Enfans, de l'un et de l'autre sexe, le *premier aliment* d'une lecture utile et d'une instruction intéressante, ainsi que pour les Instituteurs et Institutrices des *Ecoles primaires*.

BIBLIOTHEQUE ROYALE I

A PARIS,

Chez Fr. Dufart, Imprimeur-Libraire, rue Honoré, Maison d'Auvergne, no. 100.

An troisième de la République.

X 33437

FAUTES d'impression les plus importantes, à corriger avant la lecture.

PAGE.	LIGNE.	FAUTE.	CORRECTION.
XXX	16	ces rapports	ses rapports
4	19	rappel	rappe
19	23	puisse-tu	puisses-tu
37	15	amphibie	amphibies
37	17	pour nos habitations	pour nous habitation
41	25	se	le
43	27	décade	décades
45	1	relâche.	relâche,
54	14	et les fleurs des	et les fleurs, des
62	27	aux deux côtés	à un des côtés
65	dernière	en abusant	en n'abusant
76	16	poissons :	poissons,
97	5	samille	famille
97	6	fociétés	sociétés
104	première	plurôt	plutôt

A B C D E F G H I J K L M
N O P Q R S T U V X Y Z.

a b c d e f g h i j k l
m n o p q r s t u v
x y z.

a b c d e f g h i j k l m n o p q
r s t u v x y z.

Consonnes :

b c d f g h j k l m n p q r s t v x z.

Voyelles :

a e i o u.

Lettres doubles.

æ œ ff fi ffi fl ffl.

ss si st &.

Lettres accentuées.

é . . . . . *aigu.*

à è . . . . . *grave.*

â ê î ô û *circonflexe.*

ë ï ü . . . . *Tréma.*

, Virgule.

; Point-virgule.

: Deux-points.

. Point.

? Point d'interrogation.

! Point d'exclamation.

' Apostrophe.

( ) Parenthèse.

» Guillemets.

ç Cédille.

- Trait-d'union.

Chiffres 1 2 3 4 5 6 7 8 9 10.

PRÉFACE
ET
DÉDICACE
DE L'AUTEUR. (1)

Que de livres les Hommes ont faits pour eux ! Et le premier des livres, un Abécédaire manque encore à l'enfance. Faut-il donc que l'enfant travaille aussi pour lui-même, et fasse *son livre* ?

Que gagne-t-on, cependant, à vouloir, je ne dirai pas endoctriner, mais instruire les Hommes ? C'est leur raison que l'on veut former ou réformer. Mais combien la raison a peu de part à leur conduite ! et dès qu'une fois leur raison est formée, le travail le plus inutile, n'est-ce pas de vouloir la former de nouveau, ou la réformer ?

(1) Dans un ouvrage destiné pour l'instruction des *Enfans*, nous aurions bien voulu pouvoir nous dispenser de commencer par une *Préface* qui n'est destinée que pour l'instruction des *Hommes*.

Oh ! si nous voulons diriger la raison, ou que la raison nous dirige, prenons-la donc dans sa naissance : car elle a, comme tout ce qui existe dans la Nature, sa naissance et ses progrès.

On s'est enfin avisé, et le Gouvernement lui-même, de l'imperfection, de la nullité, du *vice radical* attaché à l'instruction de l'enfance. On a généralement reconnu la nécessité de la refaire. Des *livres élémentaires* ont été demandés, commandés, recommandés de toutes les manières. Et tous les esprits sont en travail pour apprendre aux enfans, non à *sentir* et *penser* en même-tems, c'est-à-dire à RAISONNER, mais à *lire*, pour *créer* un nouvel art ou *méthode* ou *système de lecture*.

Ce sont des jeux, des cartes, des tableaux de toutes les façons, et toutes les décompositions *syllabaires* que l'*Alphabet* peut renfermer, ou que la voix peut prononcer. C'est une phrase décomposée et recomposée dans toutes ses pièces, pour faire des phrases et des phrases sur chaque lettre, sur chaque syllabe, sur chaque mot, et sur la phrase entière.

Ce n'est plus, il est vrai, le *signe de la croix*, c'est l'emblème de la loi ; ce n'est plus la *sainte trinité*, c'est une trinité nouvelle; ce n'est plus *la vie des saints*, c'est la mort des nouveaux martyrs; ce ne sont plus, enfin, les *pseaumes de David*, ce sont les droits de l'Homme.

Voilà, certes, bien de grands pas faits en avant pour la raison humaine; mais nous voilà encore aussi peu avancés pour la raison enfantine.

Chargé de la partie même relative aux livres élémentaires, dans la *commission exécutive de l'instruction publique*, et reconnaissant d'assez près les fausses routes de nouveau ouvertes à l'enfance, pour la conduire dans l'apprentissage de sa raison, ou dans la culture et le développement de ses facultés *morales*, c'est-à-dire, intelligentes et sensibles à-la-fois, j'ai cru ne pouvoir me dispenser de montrer du moins la route qui me paraît la plus convenable.

Persuadé que ce n'est pas à distraire et dissiper l'attention des enfans par des jeux ou des contes vraiment puérils, encore moins à la repousser et la dégoûter par des énigmes insignifiantes, mais à l'attirer et l'attacher par des objets réels et toujours à sa portée, qu'il faut tendre; persuadé que la meilleure *méthode de lecture* (si ce n'est la seule bonne) est une lecture intéressante ; j'ai dû chercher d'abord le sujet le plus propre à faire naître et croître cet intérêt avec l'attention même.

Ce sujet, pouvais-je ne pas l'avoir bientôt trouvé? C'est celui-là même dont j'ai déjà considéré les rapports essentiels avec *l'organisation* générale de l'instruction publique, dans un *petit écrit* (1) destiné pour des Hommes et même pour des *Législateurs*. Mais n'ayant pu me faire entendre des législateurs ni des autres hommes, je vais tâcher de me faire entendre aux enfans, et faire un *livre* pour eux. Combien ne me sera-t-il pas plus facile ! et combien ne serai-je pas plus utile encore !

Et pourquoi ne pas d'abord penser aux enfans... ? C'est parce qu'ils doivent nécessairement passer par les mains des hommes.

Mais si les hommes n'avaient reçu eux-mêmes dans leur enfance, et ne pouvaient transmettre aux enfans, que des opinions plus ou moins absurdes, et des passions plus ou moins vicieuses, qu'une raison faussée ou obscurcie par la superstition, et qu'un cœur

---

(1) L'étude de la Nature, en général, et de l'Homme en particulier, considérée dans ses rapports avec l'instruction publique ; de l'Imprimerie du Cercle Social, Rue du Théâtre Français, N°.4

flétri ou dépravé par l'esclavage?.. Voilà pourquoi il faut s'adresser aux Législateurs, afin que par de bonnes loix, c'est-à-dire, par des digues et des canaux convenables, propres à contenir et diriger à-la-fois, ils puissent former des ruisseaux fertilisans ou des rivières circulantes et communicatives, de ces mêmes eaux qui ne forment que des cloaques impurs ou des torrens dévastateurs; afin que, remontant sur-tout à la source commune de ces eaux, ils tâchent de leur faire suivre sans contrainte la direction que la Nature elle-même a tracée.

Mais si les législateurs, n'ayant dû être pris que parmi les hommes, pouvaient ne pas mieux valoir, ou si, au milieu d'écrits, de difficultés, et de travaux sans nombre, il leur était impossible de tout voir, de tout entendre, de tout lire, de tout faire à-la-fois... Alors, il faut s'adresser et revenir aux enfans.

Mais enfin, n'est-ce pas toujours par la bouche des hommes, qu'il faut parler aux enfans?

Tel est donc le cercle dans lequel on doit se trouver renfermé! comment en sortir?

En attachant à la même lecture les hommes comme les enfans; en présentant l'histoire, non des hommes, mais d'autres animaux aussi connus, et trop souvent bien plus dignes d'être connus, sur-tout ceux qui sont restés les vrais enfans de la Nature; en posant d'après les mœurs de ces animaux, tous les premiers fondemens de la MORALE HUMAINE. Et comment, d'ailleurs, les poser ces fondemens, d'après les mœurs des hommes, puisqu'elles sont devenues si opposées, si étrangères à leur morale?

Qu'il me soit permis ici d'enchaîner rapidement quelques vérités élémentaires, ou du moins quelques *notions* qui me paraissent vraies, et que je crois trop essentielles à l'instruction des enfans, et par conséquent au bonheur de l'Homme dans tous les âges, pour que je doive les taire ou ne pas les rappeler.

Si le but de la morale est de former de bonnes mœurs; si on doit entendre, par mœurs, des actions habituellement répétées, et par bonnes mœurs, la chaîne des actions habituelles dirigée vers le bien ou l'ordre général; il s'ensuit que c'est à bien attacher le premier anneau de cette chaîne, que doivent s'appliquer les premières leçons de la morale, et que les premières leçons de la morale doivent s'adresser aux enfans plutôt qu'aux hommes, ou du moins, aussi bien aux uns qu'aux autres.

Si la morale ne peut avoir d'autre soutien

que la volonté ; et si la volonté ne peut être formée que par la sensibilité réunie à l'intelligence ; il s'ensuit que tant que la morale ne résultera pas d'applications directes et positives, d'après des objets ou des êtres évidens et sensibles, tant qu'elle ne sera étayée que de règles abstraites, où de préceptes vagues, que d'êtres fantastiques ou absolument *idéaux*, elle n'aura pas plus d'accès dans la tête des hommes, que dans celle des enfans, elle ne sera pas plus le guide des volontés que des actions humaines.

Chérir et servir l'Humanité, ai-je dit, n'est-ce pas tout le mystère de la morale ? Mais si avant d'avoir le Genre humain pour concitoyen, et la Terre pour patrie, on doit avoir une patrie sur la terre et des concitoyens parmi les hommes, et si l'on doit commencer par chérir une famille et des parents parmi ses concitoyens ; il s'ensuit que c'est dans le sein des vertus ou affections domestiques, que la morale doit puiser le premier aliment des vertus ou affections publiques et patriotiques, qui ne peuvent être que ces mêmes vertus ou affections domestiques, répandues parmi ses concitoyens comme dans sa famille, et qui deviennent réellement sociales et humaines, quand elles sont également répandues parmi tous les hommes indistinctement : tel doit être aussi le complément de la morale.

Sans-doute, la morale ne peut dériver que des rapports éternels, invariables et nécessaires, que l'Auteur de la Nature devait établir entre les Hommes. Méconnaître et briser ces rapports, c'est donc méconnaître et briser tous les liens de la morale, et attenter aux premières loix émanées de l'Auteur de la Nature, ou de DIEU même. Et à quoi tendent les efforts de ceux qui veulent mettre, non l'Auteur de la Nature entre la Nature et l'Homme, pour harmoniser par-tout la Nature avec le bonheur de l'Homme, et le bonheur de l'Homme avec sa reconnaissance envers l'Etre suprême ; mais l'auteur d'une religion entre l'Homme et l'Homme ? Où peuvent-ils conduire les hommes, si ce n'est à s'isoler sans cesse entr'eux, à ne se voir jamais eux-mêmes dans leurs semblables, à être aussi étrangers à l'Humanité qu'à la Nature entière, à n'avoir enfin d'autre morale que l'intérêt propre, d'autre dieu, que la vanité ou une imagination délirante ?

Non, je ne cherche point à vous enlever des espérances flatteuses ou des consolations intéressantes, vous pour qui une religion est devenue un besoin du cœur. Je cherche seulement à tracer les limites qui doivent séparer la morale, de la religion, ou empêcher de les confondre; afin qu'elles ne puissent pas se nuire l'une à l'autre, ou devenir également infructueuses; afin qu'elles puissent, chacune à part, remplir leur destination, et que l'Homme soit introduit, par l'une, au culte qu'il doit à l'Humanité, comme par l'autre, au culte qu'il doit à la Divinité. C'est dans une autre vie que toute religion doit étendre particulièrement son domaine; mais que cette vie-ci soit particulièrement le domaine de la morale. Si la morale ne pouvait exister, sans être attachée à des opinions ou dogmes religieux, elle serait donc aussi variable, aussi divisée que ces opinions ou dogmes; il n'y aurait donc pas plus de morale pour les enfans que pour les hommes en général. Cependant rien n'est plus vrai : si l'on veut que les hommes puissent se rendre heureux entr'eux et par eux-mêmes, en mettant en pratique dans leurs actions les principes de la morale, il faut s'empresser de la féconder de bonne heure dans la tête des enfans : semés trop tard, les germes ne fructifient plus.

Ce n'est point par l'histoire ou la *vie passée* des hommes, qui ne peut être considérée que comme le tombeau de la morale, que nous devons chercher à la faire revivre. Ce n'est pas en ne retraçant que des mœurs corrompues et atroces, que nous devons penser à former des mœurs pures et douces. N'avons-nous pas plutôt à craindre que l'enfant, naturellement porté à ne voir dans les hommes que son père, ou ses parens, ou ses supérieurs qu'il doit respecter, ne soit aussi naturellement porté à croire ne pouvoir mieux valoir qu'eux, à attacher en quelque sorte le même respect à leurs écarts et leurs excès, à justifier un jour ses propres écarts et ses propres excès, par tant d'exemples ou de modèles *respectables*.

Devons-nous recourir à des inventions, à des contes romanesques ? Mais ces inventions et ces contes, fruits d'une imagination exaltée et d'une sensibilité factice, ne peuvent produire de même qu'une imagination exaltée et une sensibilité factice, qui ne prend feu que pour l'illusion, et que la réalité refroidit soudain.

Ne justifiez-vous pas beaucoup trop cette opinion, vous qui avez des larmes si faciles à répandre pour des héros de théâtre ou des personnages de roman, et dont le cœur est si aride pour les infortunés trop réels qui réclament ou implorent votre assistance ?

Depuis assez long-tems, il est vrai, on a

cherché à instruire les hommes, et même les enfans, par le moyen des autres animaux, en prêtant à ces animaux la langue, les passions, les vices, les ridicules des hommes: telle est l'invention poëtique, connue sous le nom de *fable*, qui doit son origine à l'esclavage même, où l'on va toujours directement au mal, et où l'on ne peut tenter d'aller au bien que par des détours.

Mais, outre que le langage trop peu naturel de la poësie, ne doit nullement convenir à l'enfance; outre que la plus simple des fables connues exigerait un volume, pour être bien expliquée, non seulement aux enfans, mais à la plûpart de ceux qui doivent leur transmettre la première instruction; les moralités qui s'y trouvent, ne sont-elles pas noyées au milieu des fictions fabuleuses? et ces moralités, dont on cherche seulement à meubler la mémoire, plutôt qu'à revêtir l'intelligence et à décorer le sentiment, où aboutissent-elles trop souvent, comme celles dont l'art comique s'honore, si ce n'est à châtier un ridicule, pour substituer un vice, ou effacer une vertu?

Que la nourriture morale, destinée à l'enfance, ressemble au lait maternel, préparé et distribué par la seule Nature: qu'elle coule avec la même douceur, la même facilité, et la même réalité; dans toute *l'organisation intellectuelle et sentimentale*, dont elle doit de même fortifier et développer l'existence.

Je ne pense pas qu'il y ait un autre moyen, au moins plus efficace, pour parvenir à ce but, que l'exposé simple et vrai des mœurs ou habitudes des animaux, d'abord les plus exposés à nos sens ou le plus près de nous. Sans autre soin que celui d'écarter des affections, des situations, ou des expressions étrangères; sans art et sans invention recherchée, combien de comparaisons ou de contrastes, aussi faciles à appliquer qu'à saisir, doivent naturellement naître de ce sujet, si intéressant sous tous les rapports, tant sous celui des moralités, que sous celui des connaissances qu'on ne peut se dispenser d'acquérir!

C'est alors, que, de lui-même, par sa propre attention excitée sans effort et retenue sans contrainte, l'enfant sera réellement conduit à cette réflexion, ou *lecture intérieure*, d'où, au sens positif comme littéral, dérive *l'intelligence*. C'est alors que, par lui-même, à la suite des opérations de sa propre intelligence, et des applications directes ou indirectes, auxquelles donneront lieu, des êtres qu'il aura le droit de regarder au-dessous de lui, il apprendra réellement à réfléchir sa sensibilité, à raisonner sa volonté, à moraliser ses actions, à *lire* enfin dans des *caractères* vivans, pour s'animer des devoirs ou des sentimens de la vie qui doit lui être propre.

Nous ne saurions trop le répéter. Pénétrons entièrement l'enfance, de la plus douce et plus pure lumière de la raison, si nous voulons également en pénétrer tous les âges qui doivent la suivre. Apprenons à l'enfant à devenir Homme, si nous voulons que l'Homme cesse de rester enfant; si nous ne voulons plus que, flétri dès son aurore, il soit dévoré, dans sa jeunesse imprudente, par de vains desirs, dans son âge mûr, par des soucis rongeurs, et dans sa vieillesse précoce, par des infirmités incurables; si nous voulons que, maître de lui-même, de ses opinions comme de ses penchans, il ne soit plus l'esclave ou le tyran de ses semblables, le jouet aveugle ou l'instrument passif des opinions comme des penchans des autres; si nous voulons que constamment guidé par le flambeau de la vérité, allumé dès l'entrée de sa carrière, il ne soit plus enseveli au milieu des erreurs, des vices et des maux, qui depuis trop long-tems, creusent le tombeau de l'Espèce humaine et de toutes les Sociétés qu'elle a formées.

Quel argument plus complet, que l'histoire même de notre Révolution? Pourquoi, en invoquant les principes les plus vrais et les plus sains, les seuls dignes de fonder l'alliance et le bonheur des hommes, devait-elle être presqu'entièrement couverte de délires et de crimes, de dissentions et de calamités, de ruines et de sang? Pourquoi ces mots si touchans de *liberté*, *d'égalité*, *de fraternité*, ne devaient produire au milieu de nous, que des haines, des vengeances, et la MORT? Pourquoi sous le nom même de Patrie, l'Humanité devait-elle être outragée, assassinée de toutes les manières?..... c'est parce que, *quand le vase est empoisonné, la liqueur la plus pure doit s'y changer en poison*.... Oh! si nous voulons commencer et finir paisiblement une révolution toute salutaire, nous devons moins penser à réformer de vieux enfans gâtés, qu'à former de nouveaux hommes. L'instruction, et la première instruction : voilà cette *lyre d'Orphée*, qui doit humaniser et changer nos passions, substituer, à des êtres isolés et sauvages, ennemis et féroces, des êtres réellement sociables et civilisés, réunis et heureux.

Pères et Mères, vous à qui la Nature elle-même confie cette première instruction si essentielle, pourriez-vous méconnaître le plus saint de vos devoirs? N'est-il pas en même tems le plus digne de votre tendresse? Et ne doit-elle pas le rendre aussi doux que facile à remplir?

Déjà, ce Nourrisson chéri, dont le premier sourire à peine éclos, le premier souffle vocal à peine articulé, épiés et dérobés par le sentiment, ont été pour vous une jouissance si précieuse; dans les regards duquel vous avèz si souvent cherché à lire, pour les interprêter au gré de vos desirs; avec lequel vous avez formé des conversations si intéressantes, tandis qu'il ne pouvait encore vous répondre que par quelques sons de voix confus, ou quelques mots a peine ébauchés; ce Nourrisson chéri est parvenu à l'âge de six ou de sept ans. Jusqu'alors, au milieu des jeux, des caresses, des distractions, il n'a pu recueillir que des impressions, des sensations et des idées plus ou moins fugitives, suivant les objets qui devaient en passant sous ses yeux, plus ou moins attirer une curiosité instantanée ou une attention aussi vague que mobile. Il est tems de chercher à soutenir, attacher et diriger à-la-fois sa curiosité et son attention; à mettre de la suite, de la liaison et de la fixité dans ses idées; à ouvrir les portes de son entendement, pour y introduire la vérité, la conscience de soi, la SAGESSE. Il est tems de lui inspirer le desir de s'instruire, sans lui en imposer l'obligation; de lui donner le goût de la lecture et le besoin de la réflexion, sans lui en faire un devoir; de l'engager enfin à développer ses facultés sensibles et intelligentes, d'après lui-même. Et pour y parvenir, qui pourrait avoir plus de droits et de moyens que vous? Comment suppléer à la toute-puissance d'un regard, d'un sourire, d'un baiser maternel?

Non, je ne cherche point à vous enlever ni même à partager aucunement le prix qui doit vous être réservé tout entier; en vous offrant un simple canevas, sur lequel votre cœur doit travailler avec bien plus de succès que n'a pu faire ma raison. Puisse ce livre cesser d'être le mien, (et il y a si peu du mien en effet) pour devenir entièrement le vôtre, ou plutôt celui de vos enfans! Qu'il soit considéré comme une lumière destinée, bien moins à éclairer par elle-même, qu'à être communiquée à des flambeaux qui ne doivent manifester que la lumière qui leur est propre. En faisant usage à son égard, du droit de propriété qui doit vous être si justement acquis, c'est à vous à le soumettre à tous les changemens, à toutes les additions ou soustractions que vous jugerez convenables, suivant les dispositions de vos enfans, ou suivant vos dispositions personnelles. Malgré les ménagemens que je devais m'imposer; si, cependant, moins attaché encore aux intérêts de votre sensibilité, qu'à ceux de la raison, et de ce que vous devez avoir de plus cher, j'ai pu blesser des préjugés que vous chérissez davantage; déchirez, j'y consens, ces pages tout au plus indiscrètes et non coupables. J'espère bien que vous épargnerez tout ce qui tient essentiellement à la Nature même; et il en restera toujours assez, pour que nos efforts et nos vœux communs ne soient pas rendus infructueux.

Instituteurs et Institutrices, vous à qui la Patrie et l'Humanité confient le dépôt le plus sacré, l'enfance, et la fonction la plus importante, son instruction; sans-doute, le titre de père et de mère ne vous est point étranger. Mais pourrait-il n'être pas remplacé avec autant de succès, par le titre même dont la Société vous décore? Si ce n'est pas auprès de vos propres enfans, que vous deviez apprendre à vous en rendre dignes; ces enfans qui deviennent les vôtres, en les adoptant pour vos Elèves, pourraient-ils ne pas vous engager de même à le mériter, par les sentimens comme par les lumières que vous devez leur transmettre? Qu'en retrouvant aussi auprès de vous les mêmes affections, le même accent que la paternité ou la maternité inspirent, ils puissent oublier qu'ils sont privés de recevoir leurs leçons, de la bouche d'un père ou d'une mère, qui, assez malheureux de ne pouvoir les leur donner eux-mêmes, le seraient beaucoup trop, s'ils n'avaient quelques droits de pouvoir se reposer de ce soin sur vous.

En effet, si le soin attaché à la simple culture de quelques fleurs, peut faire naître par lui-même tant d'intérêt et de satisfaction, y a-t-il, dans la Vie et dans le Monde, une fleur plus intéressante, plus aimable, que l'enfance? Et peut-il y avoir de soin plus digne d'attacher entièrement à lui-même, que celui de la culture *morale* qui doit être propre aux enfans? Quelle jouissance plus douce, que celle de diriger, de faciliter, de suivre le développement et les progrès de la raison, dans ces jeunes plantes nées pour elle?

Hélas! vous n'étiez pas destinés à la connaître, cette jouissance, vous qui, sous un gouvernement fondé sur l'ignorance, l'erreur et la tyrannie, n'aviez d'autre mission à remplir, que celle de former des esclaves pour vos maîtres. Enchaînées aux bancs de leurs écoles, comme un forçat aux bancs de sa galère, ces innocentes et malheureuses victimes, dont la raison a été étouffée dans son germe, dont le cœur a été flétri dans son *bouton* encore, ne peuvent emporter que des souvenirs de tristesse et de dégoût, ne doivent conserver que l'empreinte des mauvais traitemens qu'elles ont éprouvés, que la dureté et les vices de l'esclavage pour lequel on a voulu les faire vivre.

Mais quelle belle carrière vous est maintenant ouverte, à vous, qui, rendus à vous-mêmes, sous les auspices suprêmes de la Liberté, pouvez vous livrer à vos propres inspirations, et faire réellement germer dans des ames toutes neuves, les semences salutaires déposées depuis trop long-tems sans fruit dans le sein de la Nature et de l'Humanité ! Quelle auguste magistrature vous est déléguée, à vous, qui, les premiers et vrais apôtres de la raison, en abreuvant de son lait ses tendres nourrissons, devez la placer, comme un flambeau inaltérable et un guide fidèle, devant toutes les actions de leur vie, et lui donner un pouvoir bien au-dessus de celui de la loi elle-même ! Quelle destinée heureuse vous est réservée, à vous, qui, en communiquant à vos véritables Elèves, une instruction dont ils doivent recueillir le prix dans tous les âges, en les introduisant dans la route de la vérité et du bonheur, et en la leur traçant pour tous les tems, devez sans cesse acquérir de nouveaux droits à leur reconnaissance et à leur amour, et après avoir joui de tout le bien que vous aurez produit pour eux dans leur propre existence, devez jouir encore de tout le bien qu'ils doivent produire pour les autres dans l'existence d'une Patrie commune !

Instituteurs et Institutrices, si le règne de la Liberté ne peut être que celui des idées justes et vraies, des sentimens généreux et bons ; si elle vous a chargé d'en être les premiers dépositaires et les premiers tributaires à-la-fois ; si elle doit vous placer au rang de ses premiers fonctionnaires, et des premiers objets de la considération publique : pourriez-vous n'être pas les premiers aussi à vous applaudir de ce règne prospère?.... Oui sans doute, vous remplirez l'attente de la Liberté, et l'engagement que vous contractez envers elle comme envers la Société entière ; vous jouirez de toutes les récompenses qui vous seront si justement acquises ; et après avoir coulé des jours longs et paisibles, au milieu des plus utiles et des plus douces occupations, votre vie se terminera au milieu des souvenirs les plus flatteurs, et votre mort sera suivie des regrets les plus honorables. Combien souvent votre nom sera prononcé avec autant de vénération que d'attendrissement, par tous ceux qui vous devront les vertus sociale dont vous aurez embelli leur existence comme la vôtre, et qui s'empresseront de les transmettre à leurs enfans ou à leurs Elèves, comme vous les aurez transmises à eux-mêmes.

Les nombreuses réclamations que la plupart d'entre vous deviez adresser au Gouvernement, pour lui demander les nouveaux livres qui vous ont été promis, et le prompt établissement d'un enseignement public dans vos *Ecoles primaires* sur-tout, prouvent assez que vous sentez la nécessité comme l'urgence d'une instruction nouvelle, et que vous voulez vous mettre à même de la seconder et de tous vos moyens, et de tous ceux qui vous seront offerts. Je crois aussi m'associer, non à vos travaux, dont le mérite doit vous appartenir tout entier, mais à vos intentions et à vos pensées, en vous offrant un livre, que, à bien des titres, vous pourrez considérer comme votre propre ouvrage.

Non-seulement ce sont vos propres réclamations qui, en passant sous mes yeux, devaient provoquer sa naissance; mais son existence ne doit-elle pas vous être entièrement soumise? Sans-doute, il ne peut avoir de valeur, que par l'usage ou l'emploi que vous en ferez vous-mêmes; et c'est bien moins à vos Elèves qu'à vous, qu'il s'adresse; puisque vous seuls devez le leur transmettre de la manière qui vous conviendra le mieux.

C'est à vous à juger, si vous devez le leur

communiquer autrement qu'après l'avoir transcrit vous-mêmes et par la voie de votre propre écriture. C'est à vous à juger, si, en abandonnant les anciennes habitudes, les vieilles routines, en général presque toutes vicieuses, vous ne devez pas abandonner aussi le mode *d'épeler*, et adopter, pour apprendre à lire, un mode plus conforme, mieux assorti à la lecture même. C'est à vous à juger, si vous ne pourriez pas faire marcher ensemble la lecture et l'écriture, faciliter ces deux opérations l'une par l'autre, et donner à ce livre une double utilité, en le faisant servir de modèle ou d'exemple pour l'une et pour l'autre en même tems.

Quant au fonds, c'est celui de la Nature elle-même, qui doit, par conséquent, nous être commun à tous. Mais si quelqu'un pouvait avoir plus particulièrement le droit de s'en approprier la jouissance, n'est-ce pas vous, lorsque vous l'aurez rendu propre à l'intelligence et au sentiment de vos Elèves?

Exposer avec simplicité et vérité, les mœurs ou habitudes de certains êtres aussi connus que faciles à connaître; saisir les rapports les plus frappans qu'ils ont á présenter avec nos mœurs ou habitudes, pour faire découler les moralités les plus essentielles à suivre:

telle étoit ma tâche. Et combien la vôtre est plus difficile à remplir et plus digne d'éloges !

C'est à vous à vivifier réellement ces rapports et ces moralités, et à leur donner encore, ou d'autres formes ou d'autres dimensions, ou plus de développement ou même plus de simplicité et de clarté, suivant que vous le jugerez nécessaire, pour les rendre plus sensibles, où plus intéressans, ou plus utiles à vos Elèves, d'après la connaissance que vous aurez acquise du caractère ou du *moral* particulier de chacun d'eux. Souvent je n'ai dû penser qu'à vous mettre dans la voie, persuadé que c'était assez pour vous engager à poursuivre d'après vous-mêmes. Quelquefois aussi j'ai pu m'élever au-dessus de la portée de vos Elèves, persuadé qu'en étant toujours à la vôtre, c'était assez pour vous engager à vous mettre à la leur.

Si les principes que j'invoque sont aussi naturels que les faits que je retrace, s'il sont tous également puisés dans la même source, dans celle de la Nature, pourraient-ils ne pas avoir acquis d'avance ou ne pas obtenir soudain dans votre propre assentiment, le même degré d'évidence et de certitude complette ?

O vous, des mains de qui doit sortir l'édifice le plus sacré, celui de la raison, ou de cette image vivante et représentative de la Nature elle-même, pourriez-vous chercher des fondemens plus sûrs et plus inébranlables que ceux qui ont été posés de tous les tems par la main du SUPRÊME ARCHITECTE DE L'UNIVERS ? Si cependant, parmi les opinions que je devais émettre, comme émanées des mêmes principes, il en est qui peuvent ne pas s'accorder avec celles que vous croirez avoir le droit de regarder comme plus respectables ; sans-doute, vous n'avez pas plus d'intérêt à tromper vos Elèves, que j'en ai à vous tromper. Eh bien, pourrais-je dès-lors ne pas vous engager à garder une sorte de neutralité, à ne pas plus leur manifester mes opinions que les vôtres, afin de leur laisser la faculté de choisir un jour celles qui leur paraîtront les plus raisonnables, et les plus dignes d'être adoptées ?

Faut-il me justifier, peut-être, d'avoir trop souvent cherché à faire ressortir la laideur du vice, plutôt que les charmes de la vertu ; d'avoir saisi des rapports ou esquissé des tableaux qui ne sont propres qu'à jeter dans l'ame, des impressions attristantes, dont, ce semble, on devrait exempter l'innocence enfantine, pour ne pas la troubler dans son ignorante et paisible sécurité, pour ne pas lui dérober son appanage naturel, cette gaieté si aimable ?

Lorsque les lumières seront assez répandues, et par elles, les mœurs assez régénérées, pour que les vertus, qui auraient dû être à l'ordre de tous les siècles, soient réellement *à l'ordre du jour*, et puissent se montrer dans tout leur éclat radieux, au milieu des Sociétés humaines; sans-doute, il ne faudra plus que laisser agir les douces inspirations de la Nature, et l'instruction de l'enfance sera aussi facile à donner qu'intéressante à suivre dans tous ces rapports. Mais lorsque ces Sociétés, ensevelies encore au milieu des plus épaisses ténèbres, regorgent de tous les crimes des tyrans, et de tous les vices des esclaves, n'offrent de toutes parts que des écueils, des précipices, des abîmes sans fond, faut-il bien y placer d'avance les fanaux qui doivent les éclairer, les signaler, les faire reconnaître, si nous voulons que les générations naissantes ne soient plus aveuglément enchaînées aux traces de celles qui les précèdent, et puissent, d'assez loin, éviter de partager les mêmes destinées.

S'il est donc vrai que, pour écarter à jamais le génie du mal et fixer les dernières limites de son empire ; pour changer le cours actuel des destinées humaines, auxquelles toutes celles de ce Monde devaient être subordonnées, il ne faut que s'emparer d'une génération nouvelle, et lui ouvrir l'empire du bien, en développant dans elle-même les facultés naturelles qui lui sont propres ; si, pour opérer réellement *le baptême régénérateur*, qui doit effacer *l'antique souillure du péché originel*, pour laver toutes nos races futures dans l'onde salutaire de l'Humanité sainte, il ne faut qu'y tremper entiérement cette même génération ; si, pour la maintenir saine et sauve au milieu des vieilles générations avec lesquelles elle doit vivre encore, il ne faut que lui faire réfléchir sur elles le jour de la vérité, quelles hautes idées ne devez-vous pas avoir de votre ministère, vous qui êtes appelés à le remplir au milieu de vos concitoyens ! quelles sublimes espérances sont ouvertes devant vous ! C'est votre Terre natale, votre première Patrie à recréer par vos Elèves ! c'est ce Monde entier à recréer par votre Terre natale !

Mais tandis que, dans le sein de cette même Patrie dont la destinée doit nous être commune, et qui, appelée à renaître avec nous au milieu des bienfaits de la Liberté, réclamait si impérieusement la réunion de toutes nos volontés et de tous nos efforts, le concours de toutes les lumières et de toutes les vertus, nous voyons nos propres concitoyens, en but aux chocs de toutes les passions isolées et anti-sociales, comme des flots soulevés et brisés au gré des tempêtes, se livrer à toutes les erreurs stupides et les divisions funestes, à tous les vices serviles et les crimes barbares, qui doivent résulter de l'ignorance profonde de soi-même et des autres; combien n'avons nous pas à gémir encore plus, de voir le seul espoir peut-être qui reste à la Patrie, à chaque instant perdu pour elle! de voir l'instruction de l'enfance, laissée dans un si long oubli! et ces nouvelles générations, abandonnées à elles-mêmes, ou plutôt à la fatalité des circonstances et au torrent des exemples, s'écouler sans cesse, se précipiter sans retour, avec les années, dans les mêmes abymes ténébreux. C'est ainsi que la vie humaine, dépouillée de son printems, de cette première saison où doivent se former, avec les fleurs, les fruits qu'elles recèlent, l'est aussi de son automne, et ne se couvre que de productions échappées à un été brûlant et aride, ou au sombre et stérile hiver, que de poisons ou de ronces.

Instituteurs et Institutrices, Pères et Mères, vous qui devez si bien sentir le prix de l'instruction des enfans, hâtez-vous donc de les en faire jouir, et puissiez-vous, à force de vigilance et de zèle, réparer le tems qui a été perdu pour eux comme pour vous ! Si je n'ai pas le bonheur de partager vos soins et vos travaux, puissè-je contribuer à les rendre aussi prospères qu'ils doivent l'être ! Puisse ce livre, tout innocent qu'il est, échapper à la proscription de l'ignorance, intéressée à se perpétuer dans elle-même ou dans les erreurs qui lui sont propres ! Puisse-t-il, tout utile qu'il peut être, échapper encore à l'abandon et à l'oubli ! Puisse-t-il enfin vous parvenir, et je n'aurai plus à douter de son succès, qui ne peut m'être flatteur, que parce qu'il doit être entièrement partagé entre vous et vos élèves. Avec quelle satisfaction je m'empresserai dès lors de poursuivre la tâche que vous-mêmes m'aurez imposée !

A ce premier volume, qui peut suffire, sans-doute, pour fixer les notions les plus essentielles, et satisfaire à l'intérêt le plus pressant, je ferai succéder un second. Dans celui-ci, de nouveaux animaux plus éloignés de nous, de nos sens ou de nos habitations, ou les mêmes déjà connus, mais qui, susceptibles de nouveaux détails intéressans, méritent de l'être davantage, donneront lieu à des rapports plus étendus, à des moralités plus développées. N'étant plus soumis à l'ordre abécédaire, mais toujours fidèle au même ordre méthodique, si nécessaire dans tout enseignement, je pourrai, par de nouveaux dégrés, à l'imitation de la Nature dans la succession et la chaîne graduée de ses ouvrages, m'élever à des vues plus générales et plus combinées, aux principales considérations *physiologiques*, relatives à l'organisation intérieure qui constitue la vie animale dans nous, comme dans tous les autres êtres qui partagent avec nous cette même vie sur cette même Terre. Enfin, dans un troisième volume, l'attention enfantine, suffisamment exercée, pourra prendre son plus grand essor; voyager dans les climats ou les pays lointains, avec les animaux les plus remarquables qui les habitent ; parcourir, sur leurs traces, l'échelle des rapports qui lient les êtres les plus éloignés entr'eux, dans ces grandes *divisions artificielles* désignées sous le nom de *règnes* ; et dans leur patrie ou lieu de leur naissance, recueillir, sur la *géographie politique des Etats*, sur *l'histoire philosophique des Nations*, toutes les *données élémentaires*, pour n'être pas plus étranger au Genre humain qu'au Monde qui le renferme. C'est par-là aussi que sera completté le *cours moral de lecture et d'instruction*, destiné pour l'enfance, et également propre, ou même, à bien des égards, indispensable à tous les âges.

Tel est l'engagement qu'il dépend de vous de me faire contracter, et que je crois pouvoir remplir. Tel est aussi le *programme*, ou le plan d'un travail, qui me paraîtrait bien digne d'appeler le concours le plus solemnel.

Mais, en élevant un monument consacré au bonheur des pères et des mères, puisqu'il l'est au bonheur de leurs enfans, à qui dois-je naturellement le dédier, si ce n'est à un Père et à une Mère aussi dignes de mon respect que de ma reconnaissance et de mon amour ?.... Vous qui m'avez transmis, avec le jour qui m'éclaire, le sentiment qui m'anime, recevez un hommage public que je vous dois à tant de titres. Puisse ce tribut filial semer quelque joie sur les pas de votre vieillesse, et un peu vous récompenser des soins que vous avez donnés, comme des affections que vous avez inspirées à mon enfance !

B. E. MANUEL.

MOTS divisés en syllabes, pour enseigner à épeler aux enfans.

A-beilles. A-bri-cots. A-gneau. A-mour Ma-ter-nel. A-ne. Ar-bre. A-rai-gnée. Ar-ro-soir. Ar-ti-chaut.

HISTOIRE NATURELLE des animaux domestiques ou les plus connus, moralisée *et mise à la portée de l'enfance.*

ABEILLE. Tu as vu, mon cher enfant, ces grosses mouches velues et d'une couleur brune, qui ont quatre aîles; ce sont des Abeilles.

Ils sont bien habiles et bien laborieux, ces petits animaux. Ils se bâtissent de jolies maisons, composées de petites logettes, bien commodes, bien arrangées ensemble, qu'on nomme *cellules.* Dans les unes, les prévoyantes Abeilles apportent leur provision; dans d'autres, la mère Abeille dépose ses œufs, pour augmenter sa famille.

On les enferme dans des *ruches* comme tu vois, qui sont de petites villes ou *communes*, peuplées d'un grand nombre d'habitans, qui vivent tous en bon ordre et en bonne paix, comme on doit vivre pour être heureux.

On les voit, dès le printems, voler dans les champs, pour cueillir sur les fleurs, de petits grains, comme de la poussière, dont elles se couvrent, et qu'elles rassemblent ensuite avec leurs petites pattes. Elles en forment des boulettes, qu'elles avalent et qu'elles rendent par la bouche, sous forme de *cire*, dont elles se servent pour bâtir leur logement, et dont on fait ces belles bougies, qui éclairent si bien.

Ce n'est pas assez d'avoir fait sa maison, il faut encore se nourrir et faire sa provision. Pour cela, l'Abeille, avec sa petite langue qu'on nomme *trompe*, puise de l'excellent sucre dans le fond des fleurs. Elle rentre avec sa nourriture dans son estomac, et elle la dégorge dans des cellules particulières, qui servent de petits magasins ou garde-manger. C'est de-là aussi qu'est tiré ce bon miel, que tu manges quelquefois sur du pain.

Les Abeilles ont grand soin de leur maman, et lui témoignent beaucoup de tendresse. Si elles la perdent, elles sont désolées, ne vont plus à la provision, et se laissent mourir de faim. Elles ont autant de soin de leurs petites sœurs ou petits frères, qui sont encore dans la première enfance, et qui ont bien besoin de leurs secours.

On voit dans la même ruche, des Abeilles paresseuses, qu'on nomme *Bourdons*. Comme ils n'ont pas travaillé à la provision pour l'hiver, les Abeilles ouvrières les chassent, et ils périssent.

Ces mouches intéressantes, qui nous donnent de si bonnes récoltes de miel et de cire, ne sont pas méchantes; mais elles ne veulent pas être inquiétées, car elles font aussitôt sortir de l'extrémité de leur ventre, un petit aiguillon très-pointu, qu'elles enfoncent dans la peau, ce qui la fait soudain enfler avec douleur.

N'oublie pas, mon cher enfant, qu'on ne fait jamais du mal, qu'il n'en résulte un plus grand pour celui qui le fait.

A

Amour maternel
Abeilles
Arbre de la Liberté
Ane
Agneau
Abricots
Arrosoir
Artichaut
Araignee

B.R

AGNEAU. *Voyez* BREBIS.

AMOUR MATERNEL. Vois, mon petit ami, cet enfant si tendrement caressé, c'est parce qu'il est sage, c'est-à-dire, obéissant; il est obéissant, parce qu'il sent bien que sa maman, ou ceux qui l'entourent, et qui ont soin de lui, ne peuvent vouloir que ce qui est utile. Un enfant cesse d'être aimable, même aux yeux de sa mère, dès qu'il cesse d'intéresser par sa douceur, dès qu'il devient volontaire et capricieux. Et qui est-ce qui l'aimera un jour, s'il parvient à ne pas se faire aimer de sa maman? et aussi, comme il sera malheureux, s'il parvient à ne pas se faire aimer des autres!

ANE. Animal domestique, patient, laborieux, sobre, et qui, parce qu'il est simplement et modestement utile, est l'objet de nos injustes mépris.

Un corps assez lourd, une tête grosse et assez laide, de longues oreilles, une queue courte et presque dégarnie de poils, une voix écorchante qu'on appèle *braire*, une peau épaisse sur laquelle il faut frapper rudement pour la trouver sensible, ne rendent pas l'Ane d'abord bien intéressant à nos yeux, sur-tout lorsqu'on le compare au Cheval... Ses services, moins brillans que ceux du Cheval, sont plus solides, plus communs, plus essentiels, et doivent être plus estimables. Il sert aux meûniers et sur-tout aux gens de la campagne, qui auraient de la peine à se procurer le fourrage nécessaire pour un Cheval; il est même d'un usage presque indispensable dans les contrées montueuses: dans les sentiers les plus étroits, les plus escarpés, quelque chargé qu'il soit, il ne bronche jamais. Il porte dans les montagnes les grains, la farine, les fruits et toutes les denrées dont on a besoin. Un enfant de dix ans peut en conduire cinq ou six bien chargés, à travers les passages les plus rudes, sans qu'il arrive d'accident. Le patient baudet va son petit train, se laisse battre, arrive, fait sa besogne, non pas sans montrer quelquefois un peu d'entêtement, mais toujours sans murmure et sans brutalité dangereuse. Ce qui le distingue le plus, c'est sur-tout son extrême frugalité. Au milieu des plus rudes travaux, et des moins interrompus, trop souvent accablé de coups et de mauvais traitemens, une poignée d'orties ou de chardons lui suffit; et au bout du compte, il se trouve régalé avec une nourriture que dédaigne le Cheval ou le Bœuf.

Le lait d'Anesse est d'un usage fort estimé pour certaines personnes malades. On fait aussi, avec la peau d'âne, des cribles, des tambours, du parchemin, et au moyen de quelque préparation, on y fait naître de petits grains très-durs, qui forment ce qu'on appèle du *chagrin*, dont on peut se servir comme de rappel en plusieurs occasions.

Ainsi, mon enfant, en voyant l'Ane, tu le considéreras du côté de son utilité, et loin de le mépriser, tu sauras l'apprécier comme il le mérite. Apprends aussi, que l'être le plus laid et le moins estimable, doit être, à tes yeux, celui qui est le moins utile aux autres.

ARAIGNÉE. Je ne sais, mon enfant, pourquoi on a pris communément de l'aversion pour l'animal que tu vois. Est-ce par rapport à ses huit longues pattes, qui sont si délicates, si déliées, si alertes, si adroites? L'Araignée est loin d'être aussi dégoutante que le pou, qui ne fait aucune impression désagréable à notre vue. D'ailleurs elle ne fait point de mal, et sur-tout n'a point de venin, malgré ce qu'on a pu en croire; de sorte qu'on pourrait la manger et l'avaler sans danger, si on pouvait le faire sans répugnance.

On peut laisser à portée des Araignées toute sorte d'alimens, viande, fruits, pain, pâtisserie, lait; elles ne touchent à rien, ne gâtent rien, et si elles tendent des fils par dessus, c'est pour prendre les mouches qui viendraient y toucher. Ainsi, loin de les repousser, on devrait bien plutôt les accueillir, puisqu'elles travaillent sans cesse à nous délivrer de ces ennemis incommodes.

Cette aversion si mal fondée, nous prive aussi d'un spectacle bien curieux; car c'est une chose très-curieuse que de voir une Araignée travailler à sa toile. Elle commence par attacher un fil quelque part; ensuite elle se laisse tomber et reste suspendue à son fil, à une certaine hauteur, où elle cherche à attacher un second fil, puis elle passe à un troisième, et ainsi de suite les croisant les uns sur les autres, jusqu'à ce que tout l'ouvrage soit fini. Elle se ménage un coin obscur, pour se retirer quand elle craint quelque danger, aussi bien que pour épier sa proie; et tous les fils aboutissent ordinairement à ce coin, qui est au centre ou milieu de la toile: lors qu'une mouche un peu grosse s'y laisse prendre, elle accourt aussitôt, enveloppe sa proie, de manière qu'elle ne puisse ni se défendre ni échapper, et elle l'emporte dans son trou pour la sucer à son aise; lorsque c'est un petit moucheron, c'est-à-dire que la proie est bien petite, elle la consomme sur la place. Le naturel des Araignées n'est pas sociable. Chacune ne vit que pour elle; cependant quand elle ne trouve rien à manger, on peut l'apprivoiser, jusqu'à lui faire venir prendre ce qu'on lui donne, où l'on veut.

Ainsi, mon enfant, tu apprendras à n'avoir de

l'affection ou de l'aversion, que selon les bonnes ou mauvaises qualités des choses; et si les Araignées ne doivent pas t'inspirer de l'affection, au moins rien ne doit t'engager à avoir de l'aversion pour elles.

BICHE. C'est la femelle du Cerf, qui se distingue d'elle, sur-tout, par ses longues cornes à plusieurs pointes très-fortes et qu'on nomme *bois*, tandis que la Biche n'en porte pas

Mais si nous ne devions penser à connaître d'abord que les animaux qui vivent communément avec nous ou fort près de nous, que nous pouvons regarder comme nos hôtes, ou nos amis, ou nos compagnons, ou nos domestiques, ou tout-à-fait nos voisins; le Cerf, qui vit dans les retraites paisibles des bois, et assez loin de nos demeurès, doit-il se présenter à nos yeux?

Sans doute, avant de chercher à connaître les autres, il faut tâcher de nous connaître nous-mêmes; et il est bien raisonnable de ne chercher à faire connaissance avec les étrangers, qu'après avoir connu nos propres concitoyens. Mais sans tirer à conséquence, ne craignons pas de faire une petite échappée pour le Cerf. Cet animal la mérite si bien par ses mœurs innocentes et paisibles, autant que par la forme élégante et légère de son corps. D'ailleurs, l'occasion de le voir n'est pas rare. Quoique habitant les forêts, dont il anime et embellit la solitude, il est d'un naturel doux et sociable, il s'apprivoise aisément, il n'est craintif et fugitif qu'autant qu'on le poursuit. Sensible au son du chalumeau ou du flageolet des bergers, il l'écoute avec plaisir. S'il apperçoit des hommes, des bestiaux, ou quelque chose de nouveau pour lui, il s'avance en courant pour le voir d'assez près; puis, quand il a bien regardé, il se renfonce dans la forêt en bondissant.

B

Bas
Balances
Bêche
Berger
Balais
Bonne
Bouche
Brebis
Biche
B.R

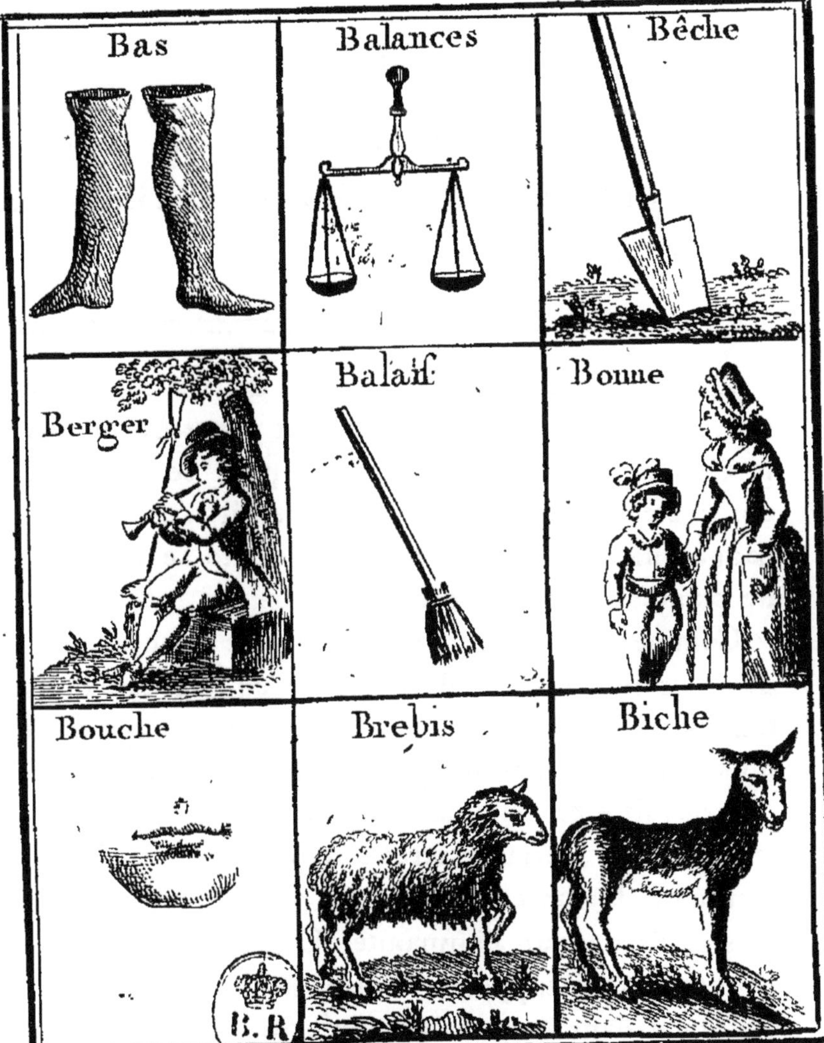

B.

Bas. Ba-lais. Ba-lan-ces. Bê-che. Ber-ger. Bi-che. Bon-ne. Bou-che. Bre-bis.

Quoique pourvu par le moyen de ses cornes ou de son bois, d'armes qui pourraient être très-offensives; le Cerf ne s'en sert jamais que pour se défendre et après être bien poussé à bout; car il n'est autrement dangereux pour aucun animal, et ne se nourrit que de plantes, d'écorces d'arbres.

Comment croire cependant que cet animal, si digne de nous intéresser et de n'exciter en nous que des sentimens de bienveillance, devait se voir exposé à être plus cruellement traité que la bête la plus féroce?

Il devait être malheureusement destiné à servir d'amusement à certains êtres, réputés *grands* devant la vanité ou la bassesse, mais si petits devant la raison et si nuls devant l'humanité. Ces êtres, lorsqu'ils ne peuvent plus supporter l'oisiveté et l'ennui de leur existence dans leur habitation, se donnent à grands frais le barbare plaisir de poursuivre un Cerf, de le réduire aux abois ou aux dernières extrémités, de différer sa mort, de le faire passer par tous les degrés de la terreur, de la lassitude et du désespoir, pour le faire enfin déchirer par des meutes de Chiens, lorsqu'il ne peut plus ni se remuer ni se défendre, et qu'il n'a plus que des larmes et des palpitations douloureuses à opposer....

Telle est la *noble* jouissance que, naguères parmi nous, ces mêmes êtres voulaient se réserver pour eux-seuls, au point qu'ils forçaient tout le monde à traiter leurs Cerfs avec le plus grand respect, sous peine de la vie; de sorte que, si quelqu'un avait le malheur de tuer dans leur parc ou vaste enclos, non-seulement un Cerf, mais un Lièvre ou tout autre gibier, il était puni avec plus de rigueur que s'il avait tué un homme....

Ecartons loin de nous ces tristes souvenirs, ou ne nous les rappelons que pour nous applaudir d'être débarrassés de pareils êtres, dont l'existence doit être si affligeante et si déshonorante pour tout le monde.

La Biche mérite bien aussi notre attention. Après avoir mis bas son petit Faon (on prononce fan), elle met tous ses soins à l'élever. Profitant de l'expérience, elle instruit sa jeunesse imprudente à s'écarter au moindre danger, à fuir à la voix des Chiens. Quand il se laisse entraîner à l'attrait d'une curiosité qui pourrait lui devenir fatale; ne pouvant le contenir par la parole, elle lui donne de petits coups légers, pour le faire rester tranquille. Lorsqu'elle entend l'approche des chasseurs, sa tendresse la porte à se présenter aux Chiens et à fuir devant eux. Les a-t-elle éloignés de son Faon chéri, elle se dérobe adroitement à leur poursuite et revient auprès de lui.

Oh! puissions-nous désormais laisser ces animaux en paix, ou mieux encore, nous en faire de bons amis, puisqu'ils sont si naturellement portés à le devenir, et si dignes de l'être.

BREBIS. C'est un animal femelle. Elle produit des Agneaux, qui devenus grands sont désignés sous le nom de Béliers, quand ils portent des cornes, et de Moutons, quand ils n'en portent pas.

Ce sont les animaux les plus utiles pour nous, et aussi les plus multipliés. Leur douceur est si grande, qu'elle est passée en proverbe. Sans défense et sans ressource, ils sont beaucoup timides, et ne peuvent se passer de nos secours; et c'est pourquoi, rassemblés en troupeaux plus ou moins nombreux, ils ont toujours un Chien pour les garder et les défendre, et un Berger pour les surveiller, les conduire et les soigner.

Mais si nous devons donner beaucoup de soins aux Brebis et aux Moutons, ils les méritent bien par tous les avantages que nous en retirons. Ces animaux peuvent suffire seuls à nos premiers besoins, c'est-à dire à nous nourrir et à nous vêtir. Leur chair est un très-bon aliment pour nous, et leur lait est fort gras; on en fait de bons fromages. Ils fournissent un engrais excellent pour les terres. Et leur laine ou leur toison, dont on les dépouille, lorsque le temps des chaleurs ne la leur rend plus nécessaire; à combien d'usages n'est-elle pas employée! que de mains n'occupe-t-elle pas pour nous faire nos draps, nos étoffes, nos bas, nos chapeaux! ce qui ne sert pas à la nourriture, comme les boyaux, sert à faire des cordes pour les instrumens de musique, tels que violon, basse. Leur peau est encore propre à faire des culottes, des bas, des bourses, ou sacs différens; on en fait aussi du parchemin; enfin le suif ou la graisse, est fort propre à faire des chandelles.

N'oublie donc pas, mon enfant, d'avoir de la reconnoissance et de l'amitié pour des animaux qui nous sont si précieux

C.

Ca-nard. Chou-ette. Chat. Chai-se. Chê-vre. Che-val. Chien. Ci-près. Co-lom-be. Ca-ge. Ca-non. Chê-ne. Char-rue. Cerf. Che-nille. Coq. Co-quille. Ca-ve.

CANARD. C'est un oiseau assez bête, et sur lequel, par conséquent, il y a peu de chose à dire.

Le Canard marche ou court fort mal ; il semble boiteux des deux côtés. Mais si ses pattes fort reculées en arrière, rendent sa démarche difficile, elles lui servent très-bien à la nage, et il vogue sur l'eau avec beaucoup de facilité. Il plonge pour chercher sa nourriture, ou pour se sauver. Il est très-vorace et peu délicat sur ses alimens. A l'approche de la pluye, des orages, on l'entend crier plus que de coutume ; et son cri fort aigre n'est rien moins qu'agréable. Il bat de l'aile, se joue sur l'eau, effet du plaisir que vraisemblablement il éprouve.

Le Canard est beaucoup plus petit que l'Oie, qui lui ressemble assez par sa conformation et ses habitudes. Celle-ci passe aussi en général pour un animal fort stupide, et l'on a fait du nom d'*oison* le sobriquet des gens auxquels on veut reprocher ce même défaut. Comme s'il dépendait souvent de nous d'être plus éclairés que nous ne le sommes. C'est bien moins le défaut d'esprit ou d'intelligence que nous devons reprocher, que le défaut de bonté ou de sensibilité pour les autres, que les vices qui tiennent sur-tout à la méchanceté du cœur, parce qu'on peut s'en corriger. Instruisons-nous auprès de ceux qui savent; instruisons ceux qui ne savent pas. Mais que la douce fraternité bannisse tout sobriquet injurieux, ou ne l'attache qu'au méchant.

Au reste, si quelque chose doit bien suppléer au défaut d'esprit ou d'intelligence, c'est l'utilité; et à cet égard, l'Oie, encore plus que le Canard, mérite d'être bien appréciée. On mange sa chair, sa graisse, ses œufs; on fait des houssoirs avec ses aîles entières; on prend ses grosses plumes pour écrire, ou pour d'autres usages, et les fines pour faire des coussins ou des lits mollets. Ainsi, de la tête aux pieds, tout, dans l'Oie, nous est utile à quelque chose.

CERF. *Voyez* BICHE.

CHAT. Le joli petit minon, avec lequel on joue si volontiers, devient un gros matou, qui passe avec raison pour un animal traître, méchant, et sur-tout, larron fieffé. On a beau le caresser, lui donner des bonbons; ou bien le battre, l'enfermer, jamais on ne vient à bout de le corriger de ses deux grands vices, celui d'égratigner, et celui de voler.

Il est vrai que le Chat nous débarrasse des Rats et des Souris, qui sont des hôtes très-incommodes et très à charge; mais en rodant dans tous les coins et recoins pour les attraper, gare la viande, la pâtisserie, le beurre, le lait, la volaille! Il ne faut pas même le laisser seul avec un rôti à la broche, qui cuit devant un grand feu; après l'avoir flairé et considéré long-tems, la crainte de se brûler ne l'emportera pas sur son appétit, et il est capable de s'en emparer à tout risque. Mais ce qui révolte le plus dans cet animal, qui nous séduit par sa figure et ses gestes amusans, c'est qu'au milieu des caresses qu'on lui fait, sa griffe traîtresse se fait tout-à-coup sentir, et après avoir fait long-temps patte de velours, il finit par vous déchirer la peau et s'enfuir.

Rien de plus rusé, de plus adroit, de plus artificieux, qu'un gros coquin de Rodilard, pour venir à bout de se mettre en possession d'une proie. Voit-il quelqu'un s'approcher, il ne fait pas semblant de voir la pièce qu'il convoite, il passe son chemin avec indifférence, ou se met en posture de guetter une Souris, et sans se lasser ni s'impatienter, attend avec persévérance que l'occasion se présente pour faire son coup. L'a-t-il fait, il décampe, disparaît, et ne paraît plus de quelques jours, ou du moins jusqu'à-ce qu'on le rappèle; mais alors il porte sur sa phisionomie tous les signes de la mauvaise conscience; il détourne les yeux, n'ose regarder personne en face, cherche les coins, se range derrière les meubles, et prend mille détours avant que de s'approcher.

Mais il y a pis que tout cela; c'est que les bons traitemens et les caresses trop assidues, ne font que le corrompre, le gâter davantage, ainsi qu'il en arrive toujours avec les mauvais naturels; au lieu de s'affectionner, comme les Chiens et comme tous les bons cœurs, à la personne qui lui fait du bien, son méchant caractère en reçoit des impressions tout opposées. Perverti par l'aisance et le bien-être, sa vigilance et son activité, qui sont ses qualités louables, se tournent bientôt en fainéantise et en extrême paresse.

Malgré tous ces vices, il y a des gens qui se passionnent pour les Chats, jusqu'à les traiter beaucoup mieux que beaucoup d'enfans ne le sont; d'autres, il est vrai, ne peuvent les souffrir, et ont de l'humeur aussi-tôt qu'ils en voient. Il ne faut tomber ni dans l'un ni dans l'autre extrême. Il est bon, quelquefois indispensable d'avoir un Chat, dans une maison, pour empêcher les ravages des Rats. Mais il ne faut pas trop chercher à se familiariser avec lui; et même il fau t le traiter un peu sévèrement, si l'on veut en retirer le seul service utile pour lequel on lui pardonne toutes ses mauvaises qualités. Il en a cependant une vraiment bonne et à louer, c'est la propreté. Car il faut être toujours juste, dans l éloge ou dans le blâme, que le bien ou le mal méritent.

CHARRUE. ce mot qui désigne le premier instrument de l'agriculture, rappèle aussi qu'il appartient au premier des arts, c'est-à-dire au plus nécessaire et au plus utile, par conséquent, au plus honorable. Hélas! les hommes ont su assez mal distribuer leur estime, puisqu'ils ont pu la donner toute entière à des arts dont on ne retire aucune utilité bien réelle, tandis qu'ils ont livré au mépris même l'art qui fait naître le bled, et nous fournit du pain, qui pourvoit à tous nos besoins, et nous fait vivre. Heureusement le bon sens a enfin pris le dessus. Tu sauras, mon enfant, sentir et accorder aux dignes Laboureurs, toute la considération qui doit être attachée à leur état.

CHENILLE. *Voyez* PAPILLON.

CHEVAL. L'homme, toujours industrieux, pour satisfaire à ses besoins ou à ses plaisirs, a soumis à son empire ce bel animal, qui est devenu tout-à-fait susceptible d'éducation et d'attachement.

Il en est des Chevaux comme des hommes; ils n'ont que les défauts qu'une mauvaise éducation leur donne.

Il y a cependant une assez grande différence ; c'est que les Hommes peuvent acquérir avec le tems, de la raison pour s'appercevoir de leurs défauts et sentir le besoin de s'en corriger : ils sont encore bien heureux alórs de pouvoir y parvenir ; au lieu que les Chevaux conservent toute leur vie les défauts qu'on leur a laissé prendre de jeunesse. Voilà pourquoi on en voit de tout âge qui ruent par derrière et par devant, qui mordent, qui se cabrent, qui ne veulent se laisser ni ferrer, ni brider, ni seller, ou qui s'effrayent pour un rien, qui s'arrêtent et que rien ne peut faire avancer, ou qui prennent le mors aux dents, et entraînent le cavalier ou la voiture au hasard, au risque de tout écraser.

Le plus ordinairement, le Cheval ne manifeste que de bonnes qualités, et il mérite bien les éloges qu'on lui donne. Ce n'est pas lorsqu'il est attelé à un char ou à une voiture brillante, pour servir le faste et la molesse des riches, qu'il doit être le plus apprécié; c'est plutôt lorsqu'il est attelé à une charrue, et qu'il est employé à tous les nobles travaux des champs. Infatigable, il partage avec son maître l'ardeur du soleil, la rigueur des froids, les fatigues du voyage et d'un exercice violent. Sensible aux soins de son bienfaiteur, le Cheval connaît sa voix, lui obéit, devient familier.

Les qualités sociales du Cheval tiennent à la bonté de son caractère. On est quelquefois touché de l'affection qu'ils se portent entr'eux par l'habitude de vivre ensemble. On a vu des Chevaux de cavalerie, qui broyaient sous leurs dents la paille et l'avoine, et la jetaient ensuite devant un vieux Cheval qui ne pouvait plus broyer lui-même, et qui ne subsistait que par leurs soins généreux.

Le pas, le trot, et le galop, sont les trois allures les

C
Chat
Chaiſe
Canard
Chouette
Colombe
Chevre
Cheval
Chien
Chêne

B.R

C

B.R

plus naturelles du Cheval. Son cri s'appèle hennissement. Après sa mort, l'Homme met encore à profit sa dépouille. On emploie sur-tout les crins des Chevaux à un grand nombre d'usages. Les plus longs servent à faire des colliers, des tamis, des boutons, à garnir les archets d'instrumens; les courts s'emploient à rembourrer des selles, des matelats, des fauteuils; le Chapelier même en met dans ses feutres, et le Perruquier dans ses perruques. Le cuir du Cheval est aussi fort employé par les Selliers et Bourreliers. Enfin on fait des peignes avec la corne de ses pieds.

En voilà bien assez, mon enfant, pour te faire estimer cet animal.

CHÈVRE. C'est la femelle qui produit les Cabris ou Chevreaux. On appèle Bouc le mâle, et il sent assez mauvais pour qu'on le distingue.

La Chèvre est un animal leste et gai, et ne ressemble point à la Brebis de ce côté-là, non plus que par la docilité, car elle est un peu capricieuse. On la voit souvent sauter comme une folle, bondir, courir de côté et d'autre, et faire mille jeux avec ses compagnes. Elle est fort amie de l'Homme. On a vu quelquefois la Chèvre compatissante, attirée par les cris d'un enfant abandonné, venir à son secours et lui servir de mère et de nourrice. Il est des femmes aussi qui ne craignent pas de confier à cet animal, bon et familier, la nourriture de leurs enfans.

La Chèvre donne un lait excellent, et l'on en fait des fromages d'un bon goût. Elle donne aussi un suif de bon usage. Avec sa peau on fait du maroquin, du parchemin, des gands, des culottes, des bas, des souliers. Le poil court sert aux Chapeliers, et le long aux Perruquiers. Il est des Chèvres dans les pays éloignés, dont le poil est si long et si fin, qu'on le file et qu'on l'emploie à la fabrication de certaines étoffes.

CHIEN. Les bonnes qualités dont la Nature a doué cet animal, doivent le rendre, mon enfant, un des plus intéressans à tes yeux; et en effet, quoi de plus digne de nous intéresser, que la fidélité, la douceur et l'attachement, qui sont les vertus par excellence du Chien?

Cet animal, très-familier, docile, obéissant, complaisant, aussi vigilant que sûr, est vraiment fait pour être le serviteur et l'ami de l'Homme. Il oublie aisément les mauvais traitemens qu'il reçoit, et garde long-tems le souvenir des bons. Toujours prêt à défendre, au péril de ses jours, la vie et les intérêts de son maître, il le suit par-tout, lui fait compagnie, le flatte, le caresse. Sans aucune volonté, il obéit sans résistance. S'il fait une faute, il vient avec docilité en recevoir le châtiment, et lèche la main qui le frappe. Rien ne peut corrompre sa fidélité. Quelque dur et barbare que soit son maître, il retourne toujours auprès de lui. Insensible aux douceurs d'une condition meilleure, il reste attaché au maître le plus indigent et le plus misérable; et, à la honte de tous les Hommes, c'est trop souvent le seul ami que l'infortune possède.

A-t-il perdu son maître? il gémit, se désespère, hurle d'une manière touchante, et n'a plus de repos qu'il ne l'ait retrouvé. Il devine ses traces, vole sur ses pas à une distance très-éloignée, et le retrouve au milieu de la foule la plus nombreuse.

Combien de services importans ne rend pas le Chien! Sentinelle vigilante, il aboie, aussitôt qu'un étranger ou un un inconnu se présente ; il nous avertit de tout ce qui se passe autour de nous et de notre habitation ; gardien fidèle, exact et sévère, il défend les troupeaux, les rassemble, les conduit ; chasseur infatigable, il aide à subjuguer une foule d'autres animaux. Et que de choses ne lui enseigne-t-on pas ? il danse debout, ou même sur la corde, joue de petites parades, fait des culbutes, se tient sur la tête, bat la caisse, va chercher à plusieurs lieues les choses que l'on a oubliées ou perdues. On lui fait aussi tourner la broche.

Tel est le Chien, qui mérite si bien notre affection. Mais il faut avouer que nous ne savons pas toujours la bien placer, à l'égard même de ces animaux. Les plus aimés, jusqu'à faire faire des folies ou à rendre ridicule, sont ordinairement les moins aimables : ce sont ces petits chiens, aboyeurs continuels, hargneux et très-peu caressans, qui ne sont utiles à rien, si bien nourris et si gras, qu'ils ne peuvent se mouvoir.

Cependant, pourquoi faut-il que l'animal le plus intéressant soit exposé à la plus cruelle des maladies, la rage, qui le rend alors le plus dangereux ?

COQ. Cet animal est assez connu, avec son plumage, ou roux, ou noir, ou bigarré, sa queue retroussée, sa crête rouge, son *kékéréké* répété si régulièrement à certaines heures du jour et de la nuit, que les gens de la campagne n'ont pas besoin d'autres horloges.

Il est plus gros que la Poule, sa femelle ; il se distingue aussi d'elle par sa crête, plus grande et plus belle, et par l'ergot ou éperon qu'il a aux pieds.

Il aime à se voir à la tête d'une douzaine de Poules, et ne souffre pas qu'un autre Coq vienne s'ingérer dans sa famille. Il commande à ses Poules en maître, et s'en fait obéir, ou il les châtie sévèrement, les chasse dans le poulailler, les poursuit dans la cour. Mais d'un autre côté, rien n'égale ses attentions et ses soins pour elles : le jour paraît à peine, qu'il se rend auprès d'elles, examine s'il n'en manque point, court chercher, et ramène celles qui seraient absentes, et alors ne les quitte plus, les accompagne sans cesse pour les défendre. Apporte-t-on à manger, il ne touche à rien, et attend paisiblement que toute sa troupe ait fait son repas. Il faut l'entendre crier, s'agiter, s'il voit entrer un Chien dans la cour ou un étranger, ou plutôt s'il apperçoit dans l'air un Epervier ou quelque autre ennemi de ses compagnes.

Le Coq chante ordinairement à trois reprises pendant la nuit; savoir, à minuit, à deux heures, et aux approches du jour; pendant le jour, il crie selon les occasions ou selon son caprice.

Quant à la Poule, on sait comme elle aime à répéter son *gac*, *gac*, *gac*, *gac*, à chaque œuf qu'elle a pondu. Une bonne Poule, que l'on nourrit bien, pond presque tout le long de l'année, un œuf chaque jour, ou au moins tous les deux jours.

Quand les Poussins qu'elle a couvés sont éclos, qui ne prend pas plaisir à la voir se promener avec eux, veiller avec une sollicitude aussi vive que tendre à leur nourriture, leur conservation, leur éducation, en variant et animant, suivant les cas, son gloussement ou son cri de *glou*, *glou*, *glou*, *glou*.

La Poule est fort gourmande, et semble ne pouvoir presque être rassasiée; mais quand elle a des Poussins à nourrir, elle peut supporter la faim, et au lieu de becqueter ce qu'elle trouve, comme grain, mie de pain, elle les appèle et le leur laisse manger.

De timide qu'elle était, fuyant ou s'écartant à la vue du plus petit animal, la qualité de mère la rend hardie; et lui donne le courage d'attaquer le plus gros Chien ou de se défendre contre lui, si elle voit qu'il en veuille à sa couvée. Au moindre danger qu'elle redoute, elle les rassemble sous ses aîles, les réchauffe et les protège.

Si donc nous avons à reprocher au Coq, d'être un peu trop jaloux et trop impérieux dans son ménage, et à la Poule, d'être un peu trop caqueteuse et trop gourmande, il faut avouer que l'un et l'autre ont encore de quoi racheter ces défauts, et peut-être serait-il à desirer que tout fût aussi bien compensé dans la société.

COLOMBE. C'est la femelle du Pigeon. Quand on veut peindre la douceur, ou en citer le modèle, c'est la Colombe que l'on peint ou que l'on cite. C'est le plus bel éloge que l'on puisse faire d'un aussi charmant oiseau : cette qualité si précieuse, suppose toutes les autres bonnes qualités, et seule, peut faire pardonner la plupart des défauts. Quand on a le bonheur de la posséder, on est aimé, chéri, recherché de tout le monde. Quand, au contraire, on peut ne pas la posséder, comme on est malheureux, puisque personne ne vous aime, et que tout le monde vous fuit, vous abandonne!

Oh! mon enfant, puisse-tu sentir tout le prix de la douceur, en faire l'ornement de ton caractère, la compagne de toutes tes actions, et mériter d'être comparé à la colombe.

L'histoire de la douce Colombe, est celle d'une bonne épouse et d'une bonne mère, comme l'histoire du Pigeon, celle d'un digne époux et d'un bon père : aussi, quel heureux ménage! car ces jolis oiseaux, quoique réunis en troupe, s'associent toujours, et restent fidèlement ensemble, élevant leur famille à part, jusqu'à ce que la mort ou quelque accident les sépare. Leur plumage, assez souvent blanc sur la Colombe, varie beaucoup par la couleur. Ils s'en occupent souvent, ont grand soin de le tenir propre et en ordre, en arrangeant chaque plume avec leur bec. Leur doux roucoulement est assez connu : c'est par-là qu'ils expriment leur joie et leur tendresse.

On les élève avec plaisir dans les maisons, soit à la ville, soit à la campagne, et on bâtit exprès des espèces de tours isolées, qu'on nomme *colombiers*, dans lesquels on les multiplie beaucoup, parce qu'ils sont d'un bon produit.

La Colombe pond deux œufs presque à chaque mois. Il s'agit de les couver, c'est-à-dire, de leur communiquer la chaleur nécessaire à la vie des petits qui y sont renfermés. Le père partage avec la mère, ce soin qui dure quinze jours. Sur vingt-quatre heures, la mère y passe dix-huit heures, et le père six. Les heures de la couvée de l'un et de l'autre sont réglées, de manière que si l'un d'eux tarde trop à revenir, l'autre va le chercher pour le renvoyer à sa place.

Les Pigeonnaux nouvellement éclos, passent les trois ou quatre premiers jours sans rien manger. Il leur suffit d'êrre chaudement : alors il n'y a plus que la Colombe qui prenne la peine de les élever. Elle ne les quitte que pour aller prendre un peu de nourriture ; après quoi ils sont nourris d'alimens à demi-digérés, que le père et la mère viennent dégorger dans leurs jeunes becs.

La Colombe et le Pigeon, en domesticité, ne vivent guères plus de huit ans : en pleine liberté, ils peuvent vivre plus d'une fois encore autant : car l'expérience a prouvé, et on doit le croire, que les animaux vivent moins long-tems dans l'esclavage qu'en plein champ, quelque soin que l'on puisse prendre d'eux.

CHOUETTE. Cet oiseau, avec son plumage bigarré de blanc et de brun, ses cris de *hou*, *hou*, est assez généralement connu.

La Chouette est une espèce de Hibou, qui, soit que sa vue ne puisse supporter la grande lumière, soit que, comme les voleurs ou les assassins, elle ait besoin des ténèbres pour cacher ses brigandages, ne sort de son repaire obscur, que lorsque la nuit vient répandre ses voiles. Une autre raison qui peut bien l'empêcher de sortir pendant le jour, c'est qu'avec sa grosse tête de Chat, ses deux grands yeux immobiles et cachés dans les plumes, elle est un objet d'aversion pour tous les autres oiseaux. Dès que la pointe du jour peut la trahir, elle se retire. Si elle se trouve pendant le jour exposée aux regards des autres oiseaux ou découverte par eux, rien de plus sot, de plus niais que cet assassin nocturne. Les plus petits oiseaux la bernent, l'insultent, la becquetent, sans qu'elle daigne se défendre ou qu'elle paraisse en avoir la force. Mais dans la nuit, et surtout au clair de la lune, elle prend bien cruellement sa revanche, tant sur les gros que sur les petits.

A le bien prendre, les Chouettes, comme tous les Hiboux, ne doivent pas être une race si odieuse aux gens sensés. Elles détruisent les Rats des champs et des jardins, qui font tant de ravages dans nos récoltes de grains et de fruits. Néanmoins les gens superstitieux, c'est-à-dire très-peu instruits, les ont en grande aversion et s'en effraient beaucoup. Ces tristes oiseaux sont regardés comme les ambassadeurs ou les envoyés de la mort; et par-tout où ils font entendre leur cri prétendu lugubre, il doit infailliblement, dit-on, mourir quelqu'un dans le voisinage, sur-tout dans une maison sur le comble de laquelle on les a vu se poser un moment.

Il faut espérer que cette superstition, ridicule comme toutes les autres, disparaîtra devant notre raison, dorénavant mieux éclairée, comme la Chouette disparaît devant la lumière du jour. Si par son *hou*, *hou*, elle ne nous inspire pas l'intérêt qu'elle mérite, comme n'annonçant ordinairement que le beau tems; au moins nous la verrons ou nous l'entendrons sans y faire attention, et elle n'inspirera de la crainte qu'aux pauvres oiseaux ou autres petits animaux, pour lesquels elle doit être réellement l'*oiseau de la mort*.

DEMOISELLE. Tu as pu voir, mon enfant, voltiger sur les eaux, de ces jolis êtres qui ont le corps long et bleuâtre, brillant et fort agile, à grosse tête, avec quatre aîles fort transparentes, semblables à la gaze la plus claire, et volant avec beaucoup de grace, ce qui joint à l'élégance, à la finesse de leur taille, leur a sans doute fait donner le nom de *demoiselles*. Tu n'as pas soupçonné alors que ce léger habitant de l'air avoit commencé par être long-tems habitant de l'eau. Cependant rien n'est plus vrai. Dans leur première enfance, les Demoiselles n'ont point d'aîles, comme les autres animaux qu'on appèle *insectes*, tels que l'Abeille, la Mouche, le Papillon. Elles sont pour ainsi dire enveloppées de langes ou emmaillotées, et paraissent sous la forme d'un ver. Ce ver n'a pas d'autre séjour que l'eau. Il se dépouille d'une partie de son enveloppe, paraît sous une forme nouvelle, et alors, désigné aussi sous le nom de nymphe, il porte un masque,

D. E.

Damier	Dé	Demoiselle
Dindon	Dors mon Enfant	Ecritoire
E Ecreviſſe	Epée	Epi

R.F

D. E.

Da-mier. Dé. De-moi-selle. Dors mon en-fant. Din-don. E-cre-visse. E-pée. E-chelle.

---

bien marqué, qu'il lève et baisse à volonté, et qui lui sert à saisir sa proie. Il doit enfin prendre sa troisième et dernière forme ; alors il gagne le bord de l'eau, se met en voyage, cherche un lieu convenable, se fixe sur une plante, et s'attache à un brin de bois sec. Sa peau devient sèche, se fend, et la Demoiselle aîlée sort peu-à-peu, laisse sa dépouille, déploie ses aîles, les agite, s'envole avec grace et légéreté.

Les petits de la Demoiselle doivent vivre dans l'eau, comme nous venons de voir ; eh bien! elle va aussi déposer ses œufs dans l'eau ; et pour ne pas se mouiller, elle se pose sur un petit morceau de bois flottant, sur une pierre, sur un brin de jonc, d'où elle laisse tomber les œufs qu'elle pond.

Tu trouveras, mon enfant, par-tout de bonnes mères ; c'est parce que la Providence ou la Nature, qui les inspire, est une bonne mère elle-même.

DINDON. Cet animal, avec sa tête, son bec, son cou enveloppé d'une peau rougeâtre qui reste pendante, et qui s'enfle et devient très-rouge quand il se fâche, est assez plaisant, lorsqu'on le voit se targuer de fierté, se pavaner en étalant sa queue en forme d'éventail ou de roue. Pour le mettre en colère, il ne faut que lui faire les cornes ou lui montrer quelque chose de rouge ; et à lui voir faire la roue à tout moment, enfler sa crête, battre des aîles avec violence, crier d'une voix étouffée *clour clour clour*, se jeter à corps perdu sur ce qui l'irrite, on juge bien que s'il ne fait pas du mal, ce n'est pas la bonne envie qui lui manque pour cela. Le pauvre Dindon! il est vraiment comique. Aussi, mon enfant, quand tu verras quelqu'un vouloir paraître fier, ou se fâcher et se mettre en colère, tu te souviendras du Dindon, et sans doute tu ne voudras pas l'imiter.

ÉCREVISSE. Cet animal, de couleur rougeâtre, est suffisamment connu avec ses deux cornes, ses huit longues pattes, et ses deux bras encore plus longs, armés de pinces près de la tete, dont il se sert pour saisir sa proie et se défendre.

Les Ecrevisses nouvellement écloses sont très-petites; mais elles grossissent tous les jours, et quand leur enveloppe ou robe écailleuse devient trop étroite, elles la quittent toute entière pour s'en revêtir d'une autre plus large, qui, délicate d'abord, devient bientôt solide, de manière à mettre l'Ecrevisse à l'abri de tout choc.

Ces animaux ne sont pas bien recommandables par eux-mêmes, ils sont d'abord très-querelleux, ne cessent de se chamailler, de se persécuter les uns les autres; néanmoins ils vivent en société dans des trous sous l'eau ou sous les pierres qui s'y trouvent, et l'on y en prend beaucoup : car c'est un mets friand et dont on fait un assez grand cas. C'est aussi un animal fort stupide que l'Ecrevisse : quand on lui met dans ses pinces une de ses propres pattes, elle la serre au point de la casser, et elle la jette ; elle se coupe aussi quelquefois de même, une de ses pinces avec l'autre. Mais elle

E.F.

Epingles	Eſcargot	Egrugeoir
Etui	Eventail	Ecureuil
F Fourmi	Feuilles	Filet

E. F.

E-pin-gles. E-cu-reuil. E-gru-geoir. Es-car-got. E-tui. E-ven-tail. Four-mi. Feu-illes. Fi-let.

---

a reçu un grand privilège, et qui serait bien digne d'être envié par les hommes : c'est que quand elle a perdu une patte ou une pince, il lui en repousse une autre qui se trouve en état au bout de quelque tems, quoiqu'elle reste toujours plus petite.

Il faut rappeler ici certaine fable, où une mère Ecrevisse veut, dit-on, corriger sa fille de marcher en arrière. Qu'est-ce que la fille répond ? Marchez devant, je vous suivrai. C'est-à-dire qu'elle se mocque de sa mère ; comme s'il n'était pas permis à une mère de vouloir que sa fille soit mieux élevée qu'elle peut l'avoir été elle-même. On pouvait bien se dispenser de donner aux enfans une aussi mauvaise leçon que celle-là, et de les tromper encore, en leur faisant croire que les Ecrevisses ne savent marcher qu'en arrière, comme si on n'avoit pas souvent remarqué qu'elles marchent aussi fort bien en avant.

ÉCUREUIL. Qu'il est joli ce petit animal ! il est si vif, si léger, si propre, si intéressant ! il a bien plus encore, des mœurs si innocentes et si douces ! Il se tient dans les bois. Il se nourrit de graines et de fruits. Quel plaisir de le voir grimper sur les arbres, sauter de l'une à l'autre branche, même d'un arbre à l'autre, avec une agilité qui le fait prendre pour un oiseau. Il faut aussi le voir assis sur son derrière, porter à la bouche sa nourriture avec ses pattes de devant, dont il se sert comme de mains. Sa queue large et touffue, retroussée, étendue au-dessus de sa tête, lui sert de parasol. Est-il obligé de traverser les eaux, on prétend qu'il monte sur une écorce; c'est son bâteau. Sa queue dressée lui sert de voile. Mais gare le petit bâtelier avec son bâteau, si le vent est un peu trop fort ou l'eau trop agitée. Hélas! tout est perdu.

Oh! qu'ils sont heureux et dignes de l'être, tous ces Ecureuils qui, dans les belles nuits d'été, au milieu du calme des bois, courent les uns après les autres, s'élancent de branche en branche en jetant de petits cris, jouent, mangent, se divertissent si bien ensemble!

Et quel art dans la construction du nid que l'Ecureuil prépare pour ses petits, soit sur les arbres, soit quelquefois dans les creux! il le construit de petites bûchettes, le façonne en voûte au-dessus pour faire écouler la pluie, et le tapisse de mousse et de feuilles. Comme il craint le vent et qu'il veut rendre chaud son petit domicile, il ne laisse qu'une ouverture très-étroite pour lui servir d'entrée; et si le vent vient à souffler du côté de son trou, il se hâte de le boucher et d'en faire un autre du côté opposé. Toujours alerte, au moindre bruit qu'il entend il sort de sa loge. Il sait aussi prévoir la rigueur de l'hiver; avant que cette saison morte soit arrivée, il a le soin de se faire dans quelques creux d'arbres un magasin de noisettes, de glands ou autres fruits; et au moyen de sa provision, il n'est pas exposé à souffrir de la faim.

L'Ecureuil est si joli, qu'on devait aussi prendre plaisir à le mener en laisse avec une longue chaînette, ou à le nourrir dans des cages tournantes faites exprès, et à lui voir faire tous ses gestes divertissans. Mais s'il n'est pas difficile à trouver, il est difficile à prendre. Car à peine est-il apperçu par terre, que le petit fripon vous a déjà apperçu vous-même, et zeste, le voilà lancé sur un arbre, sur un autre, et vous ne savez plus où vous en êtes. Cependant on parvient à le prendre, au moyen des pièges ou des filets qu'on lui tend. Mais c'est un petit rongeur qui n'épargne rien et déchire tout, habits, linge, menuiseries, armoires, tables; et puis, si on lui laisse un moment de liberté, il est bientôt parti pour ne plus revenir; il se trouve mieux dans les bois, que dans la prison la plus brillante. Oh! mon enfant, c'est bien naturel; et il faut être bien loin de la Nature, pour ne pas vouloir de la liberté.

ESCARGOT. Cet animal, connu aussi sous le nom de Limaçon, paraît d'abord assez à plaindre d'être obligé de porter toujours sa maison avec lui. Mais c'est bien plutôt une commodité fort agréable; quelque tems qu'il fasse, il peut à l'instant se mettre à couvert. Trop faible aussi pour se défendre, il est bien heureux de porter sur son dos un logement toujours prêt à le mettre à l'abri de l'insulte. Ne vas pas croire, mon enfant, qu'il ait besoin de faire beaucup de dépenses et de beaucoup travailler pour la construction de cette maison La Nature sait toujours donner le nécessaire à peu de frais; c'est le superflu qui coûte. La matière visqueuse qui sort du corps gluant de l'Escargot, suffit, en se durcissant, pour former sa coquille.

Tu vas bien autrement le plaindre, quand tu sauras

qu'il n'a point d'yeux. Car on ne croit pas que les deux points noirs qui sont au bout de ces deux grandes cornes que tu vois sur sa tête, soient des yeux ; quoiqu'on les ait pris pour tels.

Mais chacune de ces cornes, qui s'allonge et tâtonne de côté et d'autre, n'est-ce pas le bâton de l'aveugle ? Et c'est bien un autre bâton ! Elles sont douées d'une si grande sensibilité, comme on s'en apperçoit aisément pour peu qu'on les touche, qu'elles suffisent à l'animal pour le conduire et l'avertir de tout ce qui se trouve sur son passage.

Ainsi, l'escargot, tout informe qu'il paraît être n'en a pas moins, comme tout ce qui sort des mains de la nature, tout ce dont il a besoin pour vivre ; et même il ne laisse pas que de faire d'assez grands dégats dans les jardins potagers et fruitiers, sur tout la nuit et dans les tems pluvieux. Il cherche l'ombre et la fraîcheur, mange beaucoup l'été et dépense de même. Pendant l'hiver il se tient caché dans quelque trou ou dans la terre, s'enfonce dans sa coquille, et se fait, à l'ouverture, une porte assez épaisse, avec la même bave dont est formé son logement. Après avoir dormi tout l'hiver sans avoir nullement besoin de manger; au retour du printems, il brise, pousse en dehors cette porte, et vient jouir des agrémens de la belle saison.

Voilà sans doute une existence qui n'est pas à plaindre.

FOURMI. l'histoire de ce petit insecte, si généralement connu, mérite bien, mon enfant, de fixer toute ton attention, et de trouver une grande place dans ta mémoire. C'est en même-tems l'histoire de la société la mieux ordonnée et la plus intéressante d'une véritable république, qui devrait, bien mieux que celle des abeilles, servir de modèle à celle des hommes eux-mêmes, s'ils veulent enfin penser à se rendre heureux les uns les autres. C'est là réellement où l'égalité, l'ordre, la paix, la bonne intelligence, le travail commun, les services mutuels, en faisant le bien de tous, font le bonheur de chacun.

On rencontre souvent une fourmi seule; mais elle vit toujours en grande compagnie et dans la même habitation. On la reconnaît d'abord à son petit corps noir, sans aîles et très-étranglé au milieu avec ses six pattes, dont les deux de devant sont les plus courtes et les deux de derrière sont les plus longues. On distingue aisément les deux petites cornes qu'elle porte en avant, pour tâter le terrain. Sa tête est assez apparente; mais il faut la voir de bien près et même avec de certains verres, comme ceux des lunettes, qui grossissent les objets, pour savoir que cette tête est munie d'une double scie fendue qui sert de mâchoire; d'une bouche en forme de canal creux qui sert de gosier; d'autres plus petites cornes fort mobiles qui servent de lèvres et de doigts pour porter la nourriture à la bouche; de deux yeux immobiles, et d'un cou très-flexible. Voilà, mon enfant, beaucoup d'attirail pour un si petit animal. C'est que l'auteur de la vie n'a rien oublié de ce qu'il faut à chaque être, pour sa conservation, et pour le faire vivre heureux à sa manière.

Suivons maintenant la petite colonie, ou troupe de fourmis, qui commence à établir son domicile. C'est ordinairement dans un terrain ferme, au pied d'un mur ou d'un arbre exposé au soleil. On apperçoit une et quelquefois plusieurs cavités, en forme de voûte bien arrondie, qui conduisent dans un souterrain, qu'elles se forment en enlevant la terre à l'aide de leur mâchoire. La plus grande police dans les travaux, empêche le désordre et la confusion. Chacune a son emploi, et le remplit à merveille. Tandis que l'une va jeter au dehors le petit morceau de terre qu'elle vient de détacher, l'autre rentre pour continuer de travailler. Toutes sont également occupées à se construire une retraite assez profonde; elles ont en peu de tems beaucoup avancé la besogne, et elles ne pensent à manger, que lorsqu'il ne leur reste plus rien à faire.

Voilà donc la fourmilière, ou l'habitation des fourmis achevée. Elle est soutenue par les racines des arbres et des plantes; elle est divisée en un grand nombre de petites chambrettes, qui communiquent ensemble par de petites galeries souterraines, en forme de canaux ronds. Ces chambrettes sont faites de manière que la pluie ne peut guère y pénétrer: c'est dans cette habitation que les fourmis se réunissent, vivent en société, se mettent à l'abri des orages de l'été, des glaces de l'hiver, et qu'elles doivent prendre soin des œufs dont le dépôt leur est confié: car aucun petit n'est oublié dans la nature; plus il est faible, plus il a besoin de secours, et plus il en trouve.

Avec quel intérêt et quelle précaution ces fourmis, au commencement du printems, se chargent entre leurs deux mâchoires, des petits vers nouvellement éclos, pour les réchauffer en les exposant aux premiers rayons d'un soleil bienfaisant. Les tems plus doux sont arrivés, et voilà les fourmis en campagne. Nouveaux soins, nouveaux travaux, grand mouvement, grandes provisions de vivres: grains, fruits, petits animaux morts, tout est de bonne prise. Une fourmi qui en rencontre une autre, lui fait une petite accolade digne d'attention. Est-ce pour la reconnaître et prendre son petit mot de gué, ou pour la saluer, la caresser à sa manière? Tu sens, mon enfant, que nous ne pouvons que le soupçonner. La fourmi trop chargée de butin, est aidée par la fourmi sa compagne : l'une fait-elle la découverte d'une bonne capture? elle en informe une autre, et bientôt une légion de fourmis vient s'emparer de la nouvelle conquête. Tous ces vivres ramassés avec tant d'activité, sont consommés dans le caveau souterrain, qui est la salle du festin. Chacune y vient prendre son repas; chacune aussi a contribué à le gagner. Elles tiennent sans cesse leur habitation dans une grande propreté, et dès qu'il en meurt quelqu'une, le cadavre est bientôt emporté et abandonné à une bonne distance. Tout est commun dans la petite république; c'est à ses frais que les petits vermisseaux sont nourris et élevés. Trop faibles et hors d'état de pouvoir exister par eux-mêmes, puisqu'ils ne peuvent bouger de place, c'est pour eux principalement que l'on s'empresse, on va, on vient, on apporte, on amasse.

Lorsque ces petits vers sont devenus assez gros, ils doivent éprouver un nouveau changement; ils se mettent à filer, et se forment une espèce de tissu de soie dans lequel ils restent enfermés. Ils présentent alors d'assez gros paquets blancs, que l'on prend communément pour des œufs de fourmis. On doit voir cependant qu'ils sont plus gros que les fourmis mêmes; or, ce n'est pas naturel que l'œuf soit plus gros que l'animal qui le pond; car comment une fourmi pourrait-elle renfermer des milliers d'œufs plus gros qu'elle-même? Les œufs de fourmi sont aussi extrêmement petits, et à peine peut-on les appercevoir. Sous cette seconde forme on les appelle nymphes, et ces *nymphes* ressemblent assez à de petites poupées.

Combien les fourmis doivent encore se donner de peines, et prendre de nouveaux soins pour leurs poupées ! On les voit, le matin, les apporter toutes aux rayons du soleil, et le soir les remporter au-dedans de la fourmilière. Si le tems est pluvieux ou froid, alors elles se gardent bien de les sortir, mais elles trouvent d'autres moyens pour les réchauffer; car il ne leur faut que de la chaleur et nullement de la nourriture. Et comme on doit être surpris, quand on bouleverse leurs demeures, de la promptitude avec laquelle elles mettent en sûreté les œufs, les vers et les nymphes ! en moins d'une demi-heure, on ne voit plus rien de tout cela, tout est caché sous la terre.

Il ne faut pas croire, mon enfant, que l'on veut nous tromper, quand on nous dit des choses bien extraordinaires, en nous parlant même des animaux les plus communs. Ceux qui nous donnent ces connaissances, sont des personnes d'un grand bon sens, qui ne rapportent que ce qu'elles ont vu et ce que tôt ou tard nous pouvons voir par nous-mêmes. Si l'on doit beaucoup s'étonner d'abord de voir sortir des œufs de fourmis, des vermisseaux qui sont si différens des fourmis elles-mêmes; on doit redoubler d'étonnement, quand on voit sortir, de ces secondes enveloppes en forme de poupées, des mouches assez grosses qui portent des aîles, qui volent soudain dans l'air, et que l'on regarde comme les femelles ou les mâles des fourmis. Les dernières et les plus nombreuses sorties, sont celles que nous connaissons, qui n'ont point d'aîles, et que l'on désigne sous le nom d'ouvrières. Elles doivent aussi travailler pour les autres comme pour

elles-même;

F. G.

Fileuſe
Forgeron
Faucon
Fuſil
Fumeur
G
Glace
Gerbe
Greffeoir
Globe

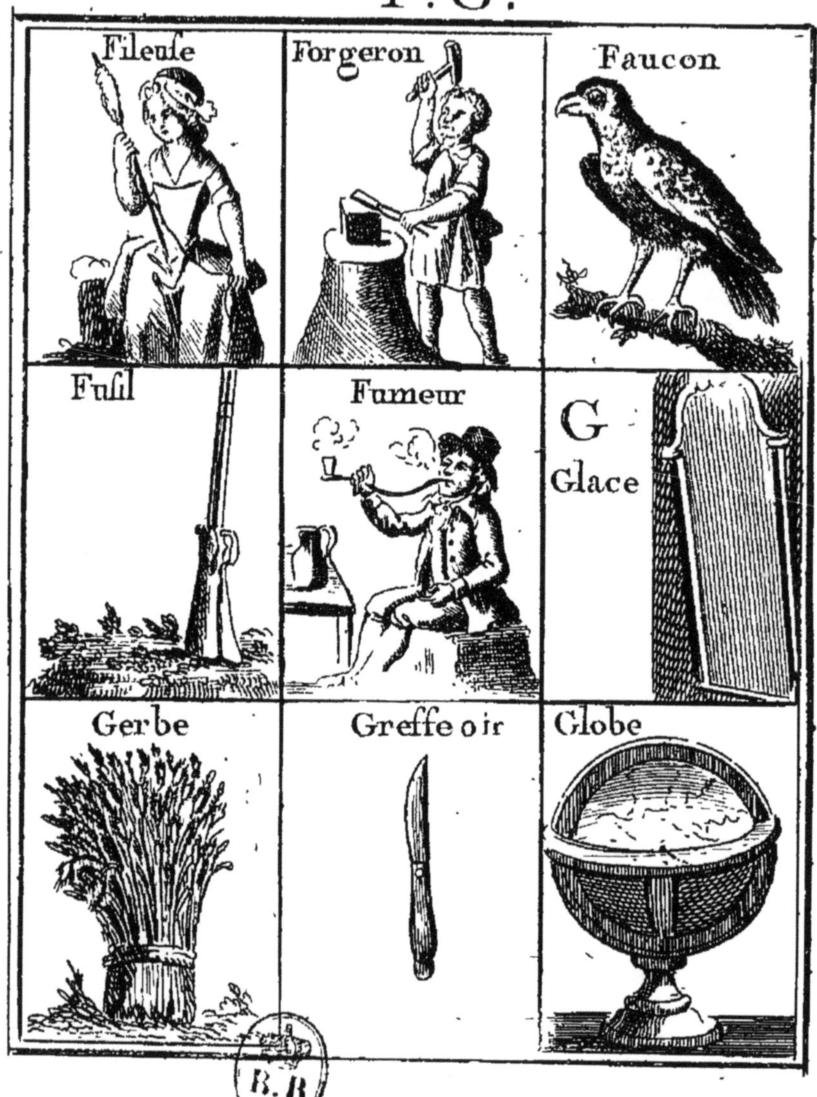

B. R

elles-mêmes ; elles sont chargées de construire le logement, et de prendre soin de la famille produite par les femelles, qui profitent du même logement pour y déposer leurs œufs.

On croirait d'abord que les fourmis qui ont des aîles, sont les plus heureuses ; on se tromperait bien fort. Leur vie est entièrement oisive et vagabonde : et certes, ce n'est pas là le chemin qui doit conduire au bonheur. Combien les autres non aîlées sont au contraire réellement heureuses, puisque leur vie est entièrement remplie par le travail, la bienfaisance, et par les douceurs d'une société toute fraternelle !

Cependant, si les hommes n'ont que trop peu imité les fourmis dans leur société particulière, il paraît que les fourmis n'ont que trop imité les hommes dans leurs sociétés diverses. On prétend, (ce n'est pas sans doute la partie la plus intéressante de leur histoire,) que quoique leurs habitations soient assez souvent voisines l'une de l'autre, les fourmis ne se visitent point, et que si quelque fourmi se hasarde d'aller dans une habitation étrangère, elle est bientôt expulsée ou même tuée impitoyablement. On prétend encore que quand des fourmis de différentes fourmilières se rencontrent, il en résulte un petit combat où quelques-unes restent sur la place ; et quand les deux troupes sont en force, alors on se range en bon ordre, et l'action devient chaude ; il en périt un grand nombre ; après quoi le vainqueur s'empare du camp ennemi, où il pose des sentinelles pour veiller sur ceux qui fuient. Si les patrouilles rencontrent quelque ennemi, il est tué sur le champ ; si c'est quelque camarade égaré pendant le combat ou échappé de la prison, on le prend et on l'emporte au logis.

Hélas! si cela est vrai, car on doit avoir de la peine à le croire, c'est bien là l'histoire des hommes. Mais combien les hommes doivent être jugés plus coupables par eux-mêmes, puisqu'ils ont dans leur raison le moyen de reconnaître par-tout leurs semblables, et dans leur intérêt le motif de s'accorder toujours ensemble! et tandis que les fourmis, pouvant se suffire à elles-mêmes dans leur propre société, ne doivent pas trop chercher à troubler, par des querelles étrangères, le bonheur dont elles jouissent; combien les hommes se trouvent malheureux, puisqu'ayant tous également besoin les uns des autres, loin de penser à s'entraider, ils ne pensent qu'à s'entre-détruire! Oh! mon enfant, ne cessons d'adresser nos vœux au ciel, pour que le cœur humain, au lieu de ne nourrir que des sentimens de haine, de vengeance, d'inimitié qui le tourmentent sans cesse, n'écoute que les sentimens doux, généreux et fraternels que la nature et l'humanité lui prescrivent.

Les fourmis ont non-seulement dans leur mâchoire une arme assez offensive; elles sont armées aussi d'un petit aiguillon, caché dans la partie postérieure de leur ventre, et elles s'en servent pour blesser celui qui les irrite: leur piqûre occasionne une petite démangeaison, avec une douleur assez vive, mais qui est bientôt passée. Il est donc toujours prudent de ne pas trop chercher à les inquiéter: et pourquoi d'ailleurs chercher à les inquiéter?

Les fourmis, ayant sans doute le même droit de vivre que nous sur tous les biens de la terre, ne doivent pas trop s'embarrasser si les poires, les pommes, les cerises, les abricots qu'elles rongent ont été réservés pour nous; et nous ne devons pas leur en vouloir, si elles trouvent ces fruits aussi bons que nous pouvons les trouver nous-mêmes.

Ces petits animaux si laborieux ont dû se montrer aussi prévoyans; et toujours occupés à amasser, ils parviennent à se donner d'assez grandes provisions pour l'hiver. Cependant ces provisions leur sont assez inutiles, si, comme on le dit, ils doivent passer toute cette saison engourdis par le froid et dans un sommeil continuel.

On a voulu profiter de ce sujet, pour donner une leçon aux paresseux et aux imprudens, dans une fable très connue, récitée par tous les enfans, intitulée la *Cigale et la Fourmi.* Mais il faut avouer que cette fable ne renferme qu'une leçon de dureté et de mauvais cœur. Aussi, mon enfant, je ne voudrais pas t'engager à l'apprendre, parce qu'il ne faut apprendre que ce qui doit nous rendre bons ou compatissans aux maux des autres.

La cigale est une grosse mouche qui, pendant les chaleurs fait entendre, et de bien loin, un bruit toujours le même et assez ennuyeux, que l'on prend pour son chant. Sais-tu ce que la riche fourmi répond à la pauvre cigale, lorsque l'hiver étant arrivé celle-ci vient lui crier famine,

> Et la prier de lui prêter
> Quelques grains pour subsister.

Que faisiez-vous pendant l'été, dit la fourmi? vous chantiez, j'en suis fort aise. Et bien! dansez maintenant.

Cette plaisanterie, adressée à un être qui meurt de faim, est une bien cruelle plaisanterie. Qu'il eût été plus naturel et plus intéressant d'entendre dire à la fourmi: cigale, mon amie, vous êtes sans doute assez malheureuse de vous trouver au dépourvu et d'avoir besoin du secours des autres, lorsque la saison est si mauvaise pour tout le monde. Je vous ferai bien part volontiers de ce que je puis avoir de trop; mais croyez-moi, tant que vous pourrez, ne comptez que sur vous-même, c'est le plus sûr. Vous vous rappellerez l'été prochain, de la situation pénible où vous vous trouvez; et au lieu de passer votre tems à chanter, vous le passerez plutot à vous amasser de quoi vivre, ou vous ne chanterez, ce qui est fort agréable, que lorsque vous aurez assez travaillé, pour pouvoir être tranquille sur les besoins du présent, comme sur ceux de l'avenir.

Oui, mon enfant, nous ne saurions nous dispenser d'avoir de l'affection et de la reconnaissance, envers l'infortuné qui a une assez bonne opinion de nous pour venir implorer notre assistance. Et si nous ne sommes pas assez heureux, pour pouvoir exercer un acte de bienfaisance à son égard, nous avons au moins toujours la faculté d'adoucir sa misère, par de bons conseils et des paroles consolantes.

GRENOUILLE. Qui ne connaît pas nos commères les grenouilles, avec leurs compères les crapauds? Qui n'a pas entendu, le soir, dans tous les coins où il y a peu ou beaucoup d'eau, leur Koa, Koa, Ker, Ké, Ké, bouo, bouo? Si leur musique n'est pas trop agréable à nos oreilles; ce n'est pas pour nous aussi que tous ces musiciens assez discordans se mettent à chanter. C'est bien pour eux-mêmes; et sans doute ils y prennent goût, puisque dès que l'un commence à donner le premier ton, tous les autres ont soudain accordé leurs instrumens, et le concert est général. On perdrait bien son tems à vouloir les faire taire. Les uns ne vous entendent pas, et continuent toujours leur train; les autres

G . H.

Giberne
Guerite
Grenouille
H
Hache
Havre-Sac
Herſe
Hirondelle
Hoſpice
Heriſſon

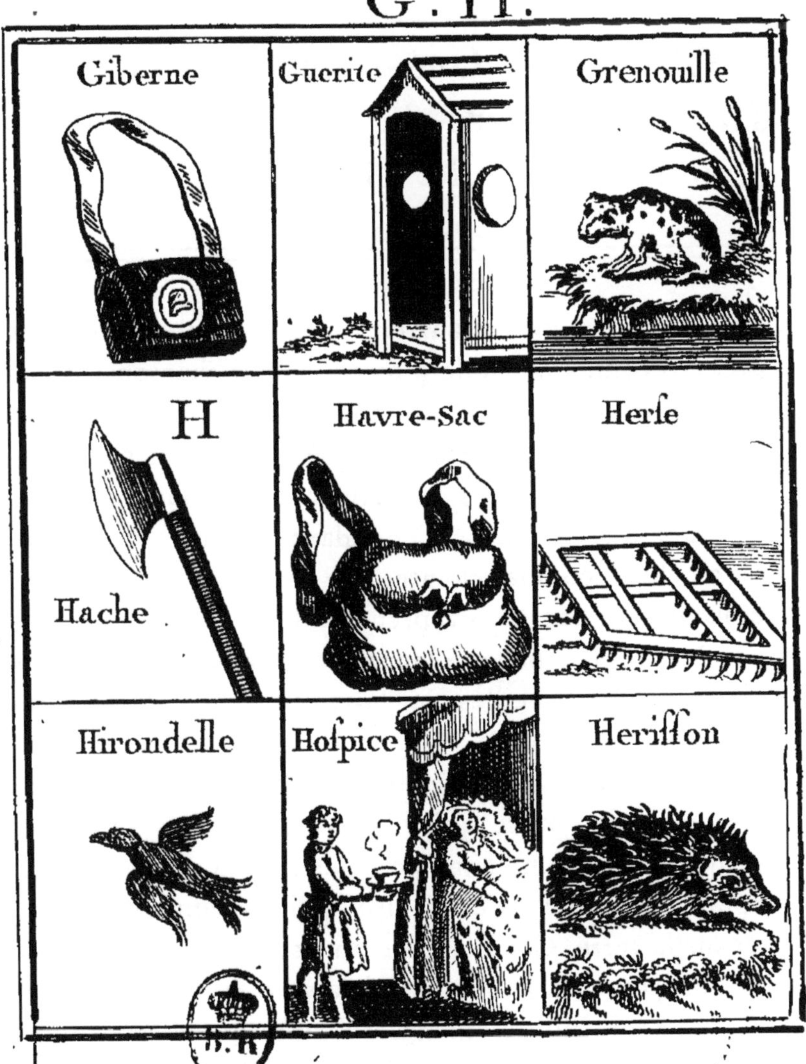

G. H.

Gi-ber-ne. Gué-ri-te. Gre-nouille. Ha-che. Ha-vre-sac. Her-se. Hé-ris-son. Hi-ron-delle. Hos-pi-ce.

---

qui se taisent un instant lorsqu'on les approche d'assez près, recommencent de plus belle leur chanson, aussitot qu'on est un peu éloigné. Ainsi, comme il faut toujours savoir supporter ce qu'on ne peut changer, ou fuyons au loin ces animaux, ou tâchons de nous habituer à leur chant. Cependant il faut avouer que savoir bien ou mal chanter, ce n'est ni vertu ni vice; et ils ne sont pas bien repréhensibles, si nous n'avons pas d'autres reproches à leur faire. Pour cela, bouchons s'il le faut nos oreilles, et faisons un peu mieux connaissance avec eux.

On confond assez ordinairement les grenouilles avec les crapauds, parce qu'on les voit toujours ensemble et qu'ils se ressemblent assez. Ces animaux sont regardés comme *amphibie*, c'est-à-dire qu'ils vivent dans l'eau et sur la terre. Cet avantage en est-il un? vaut-il celui d'avoir pour nos habitations à la ville et à la campagne? Cela est fort indifférent. Quand on ne sait pas se rendre heureux par la vertu, c'est-à-dire par de bonnes actions, on n'est bien nulle part. Et quand par la bonté et l'utilité de sa conduite on sait remplir la destinée que la nature nous a tracée, on est bien par-tout. Ce n'est pas l'habitation qui fait le bonheur, c'est le cœur. Si le cœur de l'homme se laisse entraîner à des sentimens opposés à ceux de l'humanité, qui est l'amour de nos semblables ; il nourrit sans cesse dans lui-même un ver rongeur, c'est-à-dire le remords qui le tourmente. Les tyrans, les oppresseurs des hommes, les méchants en un mot, ont beau vouloir s'ensevelir dans de vastes palais, et s'environner de toute la magnificence de la vanité ; insensibles à tout, l'ennui et le désespoir, voilà le seul logement qu'ils habitent. L'homme de bien, au contraire, puisant dans son propre cœur la seule satisfaction réelle, à la campagne ou à la ville, sous le chaume rustique ou même sous des plafonds dorés, remplit également sa destinée, et vit aussi content.

Revenons à nos grenouilles et à nos crapauds, que l'on distingue en ce que les premières ont la tête plus longue, sont efflanquées, et ont les pattes de derrière déliées ; les seconds sont par-tout d'une égale grosseur, et ont les pattes lourdes et grossières. La grenouille en général est beaucoup plus vive que le crapaud ; elle s'assied sur son derrière, comme le chien, tandis que le crapaud a toujours le ventre par terre. S'il n'a pas une figure bien agréable, ce n'est pas sa faute, et nous ne devons pas aussi lui en vouloir pour cela : ce n'est pas la laideur que nous devons haïr dans les autres comme dans nous-mêmes, c'est la méchanceté. L'être bon, utile, est toujours beau.

L'eau est d'abord leur patrie commune. Leur mère y jète ses œufs, qui sont en grand nombre, et enveloppés d'une sorte de gelée blanche et transparente. Au bout de quelques jours, il sort de ces œufs, de petites bêtes à grosse tête, avec une queue, sans corps et sans pattes, qui frétillent dans l'eau avec beaucoup de vivacité, e qui se nourrissent de la vase ou terre boueuse. Environ deux mois après, ces *têtards*, comme on les nomme, acquièrent des pattes, d'abord celles de derrière, ensuite les autres ; et quand les quatre pattes qu'elles doivent avoir, se sont développées, les grenouilles perdent peu-à-peu leur queue, et commencent à voyager en terre ferme, pour attraper de l'herbe, des mouches, des vers, des escargots, et autres animaux dont elles se nourrissent.

On trouve dans presque toutes les promenades, ces jeunes grenouilles, ainsi que les petits crapauds; on les voit sauter à droite et à gauche; et ceux qui ne sont pas instruits, disent qu'elles sont tombées du ciel avec la pluie. Elles retournent toujours dans l'eau à certain tems, et c'est sur-tout lorsqu'elles voient quelque ennemi s'approcher, qu'elles s'y élancent en un clin d'œil.

Voilà bien des choses étonnantes, qui viennent de se passer sous nos yeux. Mais en suivant les opérations de la nature, on parvient à tout admirer et à ne s'étonner de rien, parce qu'on voit que si tout est bien et ne pouvait être mieux, tout est nécessaire et ne pouvait être autrement. Les grenouilles naissent et se développent d'elles-mêmes, sans avoir aucune mère qui veille sur elles et soigne leur enfance; mais elles n'en ont pas besoin. Au contraire, mon enfant, tu es né bien faible; pour conserver ton existence, il te fallait tous les soins d'un bonne mère, et tu l'as trouvée. Les soins d'une bonne mère sont bien longs, bien nombreux et bien pénibles. Eh bien! la nature y attache aussi les plaisirs les plus doux. Tu vois comme tout est bien arrangé.

Dans l'automne, et dès les premiers froids, les grenouilles, comme les crapauds, rentrent dans l'eau, se creusent des trous dans la vase, où elles se mettent plusieurs ensemble. Elles y demeurent, sans avoir besoin de manger jusqu'au printems, et quoique la gelée ne les épargne pas, au point qu'elles sont souvent comme une pierre, elles n'en meurent pas pour cela Dès que le printems réchauffe un peu la nature engourdie, que la glace commence à fondre, et que les pluies forment des mares et des bourbiers, toute l'engeance coassante se réveille à la fois, et semble vouloir annoncer à tout le monde la nouvelle de sa résurrection, par des *koa*, *koa*, *bouo*, *bouo* réitérés. Que gagne t-elle cependant à faire plus de bruit qu'elle ne doit? d'éveiller souvent un ennemi qui dort, ou qui ne s'appercevrait pas d'elle.

Pendant le jour, la grenouille reste volontiers dans l'eau, et sur le soir elle se met en marche avec le crapaud, pour gagner pays. Cependant elles sortent aussi pendant le jour, sur-tout après une pluie chaude, et l'on en trouve çà et là des tas ensemble; mais tu ne croiras pas que ce soit la pluie qui les ait amenées du ciel, ni la vase qui les ait engendrées.

Au reste, les grenouilles n'ayant ni venin ni méchanceté, doivent être regardées comme des animaux utiles pour nous, puisqu'elles nous débarrassent de beaucoup d'autres petits animaux qui nous sont nuisibles.

HIRONDELLE. Cet oiseau attaché à nos maisons plutôt qu'à nous, doit nous intéresser par ses mœurs innocentes. Avec son dos noir, son vol rapide et tortueux, rasant la terre et l'eau, sur-tout lorsqu'il doit pleuvoir, l'hirondelle est aisément reconnue. On ne peut ignorer qu'elle établit son domicile et fait son nid près de nos toits, contre les murs, les poutres, les conduits des cheminées, et aussi dans des trous, quelquefois laissés exprès par les maçons.

Ce nid, elle le compose de foin, de chaume et de paille, qu'elle maçonne avec de l'argile et de la boue; elle l'arrondit et l'unit intérieurement, le garnit de plumes et de duvet, y dépose ses oeufs, les couve et éleve ses petits. Les cris du père et de la mère sont l'expression de leur inquiétude, lorsqu'on touche à leur nid. Ils appèlent à leur secours les autres hirondelles. Oh! épargnons à leur tendresse, de pareilles souffrances.

Tout ce que l'on peut reprocher aux hirondelles, c'est de salir de leur ordure ou fiente les environs des maisons; parce que leur nid étant fort étroit, elles viennent toutes à l'ouverture pour jeter leur fiente. Néanmoins assez généralement on les souffre volontiers, et on les laisse nicher en paix; il y a même des endroits où on a pour elles une sorte de vénération, parce qu'on croit qu'elles portent bonheur à la maison, où elles ont leur nid: cela cesse d'être raisonnable: ce qui porte bonheur à une maison, c'est l'honnêteté, le travail et l'économie.

On prétend qu'il arrive quelquefois que des moineaux, qui sont assez effrontés, veulent s'emparer des nids d'hirondelles pour s'y loger ou faire leurs oeufs dedans La pauvre hirondelle, hors d'état de chasser un ennemi plus fort qu'elle, voltige tristement autour de son nid, et va plusieurs fois regarder par l'ouverture, pour tâcher de s'en débarrasser à l'amiable; mais enfin, comme se moineau n'a que bien rarement cette complaisance, l'hirondelle poussée à bout, se venge comme elle peut. Que fait-elle? elle emploie sa petite industrie pour maçonner et fermer la porte, afin que le moineau ne puisse pas sortir pour aller manger. C'est sans doute se venger avec autant de rigueur que d'intelligence. Mais le petit brigand de moineau ne s'y est-il pas exposé? cela doit apprendre à respecter toujours les propriétés des autres, à n'user pour nous que de ce qui nous appartient. Quand on fait à autrui ce qu'on ne voudrait pas qu'il fut fait à soi-même, on s'expose nécessairement à la vengeance de l'ennemi que l'on provoque; et du mal que l'on fait aux autres, il ne peut tot ou tard résulter que du mal pour soi.

Souvent l'hirondelle se pose sur la fenêtre d'un grenier, ou sur le coin d'un toit; et là s'amuse à chanter son ramage, qui n'est pas varié, et qui devient bientô ennuyeux.

Vers l'approche du froid, en automne, on voit les hirondelles se rassembler; elles paraissent concerter entr'elles un départ commun, et dans le silence de la nuit toute la troupe disparaît. On croit qu'elles vont voyager dans les pays plus chauds, et par ce moyen elles échappent aux rigueurs de l'hiver: ce qui est bien agréable; mais il faut avoir d'aussi bonnes ailes. Leur retour annonce le printems. Chacune revient prendre son ancien nid, sans se tromper, et sans avoir envie de changer.

LAPIN. La vie de cet animal, ne paraît pas devoir fournir une histoire bien intéressante. Que lui voyons-nous faire dans nos maisons? Manger, sautiller quelquefois, sortir de sa loge, y rentrer en battant des pieds, et voilà tout. Mais que doit-il savoir faire lorsqu'il n'a besoin de rien; lorsqu'il se trouve bien logé, bien nourri sans qu'il lui en coûte ni travail ni peine; lorsqu'il n'a aucun danger à courir, aucun inconvénient à craindre, aucun embarras qui le gêne? c'est le vrai moyen d'être sans intelligence et sans industrie. Car, d'où peut naître l'industrie, si ce n'est du besoin? Que desirent donc ceux qui ne veulent avoir dans la vie, ni travail à faire ni besoin à éprouver? devenir paresseux, indolens, stupides, devenir comme nos lapins.

Mais il est d'autres lapins qui ont le bonheur de vivre indépendans et en plein champ, qui se trouvent obligés de pourvoir par eux-mêmes à leurs besoins et de veiller à leur conservation. Oh! voilà ceux qu'il nous faut chercher à connaître; car les autres ne méritent pas notre attention.

Les lapins des champs sont assez heureux pour être destinés par la nature à former ménage ensemble: ce qui suppose une vie qui ne doit pas être vagabonde, et le besoin d'un logement pour se mettre en sûreté avec la famille et pouvoir élever ses petits. Aussi commencent-ils d'abord par se faire cette retraite dans la terre et se creuser un terrier convenable.

Mais, quelques jours avant de mettre bas, la lapine qui craint plus pour ses enfans que pour elle-même, se creuse un nouveau terrier, non pas en ligne droite, mais en zig zag, afin de le rendre plus difficile à découvrir Au fond de ce terrier, elle pratique un assez grand creux: après quoi elle s'arrache une assez grande quantité de poil dont elle fait un espèce de lit, pour recevoir les petits. Pendant les deux premiers jours, elle ne les quitte pas; elle ne sort que lorsque le besoin la presse, et elle revient dès qu'elle a pris de la nourriture. Elle soigne ainsi et allaite ses petits pendant plusieurs décade ou un mois et demi environ.

Jusqu'alors le père ne les connaît point. Il n'entre pas dans ce terrier qu'a creusé la mère; souvent même quand elle en sort, elle en bouche l'entrée avec de la terre détrempée de son urine. Mais lorsqu'ils commencent à

I. J. K. L.

If. île. In-dex. Jam-bon. Jar-din. Ja-lou-sie. Ka-ta-coua. La-pin. Liè-vre.

---

venir au bord du trou, et à manger les herbe que la mère leur présente ; le père semble alors les reconnaître. Il les prend dans ses pattes : il leur lustre le poil : il leur lêche les yeux, et tous, les uns après les autres, ont également part à ses soins. Aussi, comme c'est toujours du bienfait et de la reconnaissance que se forment les bons sentimens, les liens mutuels et les heureux ménages ; la paternité est fort respectée parmi ces animaux, et la fraternité bien établie.

Les lapins passent la bonne partie de la journée, dans un état de demi-sommeil ; le soir ils sortent pour aller prendre leur pâture et chercher les racines, les feuilles, les herbes différentes dont ils se nourrissent. Ils y emploient une partie de la nuit. Si pendant la nuit il doit arriver un orage, ils savent le pressentir ; ils l'annoncent en sortant beaucoup plutot qu'à l'ordinaire, en mangeant alors avec une activité qui les rend distraits sur le danger d'être approchés. Ordinairement ils ne se laissent pas aisément approcher sur le bord du terrier, et ils ont grand soin de s'avertir réciproquement. Le premier qui apperçoit frappe la terre, et fait avec les pieds de derrière, un bruit dont les terriers retentissent au loin. Alors tout rentre précipitamment. Les bonnes mamans restent

I. J. K. L.

If
Isle
Index
J Jambon
Jalousie
Jardin
Katacoua
K
L Lievre
Lapin

B.R

les dernières sur le trou, et frappent du pied sans relâche. jusqu'à ce que toute la famille soit rentrée.

LIEVRE. Puisque nous avons été conduits dans les champs, nous pouvons bien, avant de quitter notre promenade, faire une petite visite à cet animal, qui ressemble beaucoup au lapin par la forme extérieure, mais qui est encore plus timide, et cependant n'est pas aussi industrieux.

Si l'industrie naît d'abord du besoin, le besoin de l'industrie se développe ensuite d'autant mieux que l'on vit plus ensemble.

Nous avons vu le lapin n'être pas sans industrie, parce qu'il vit en famille. Nous avons vu les abeilles et les fourmis être bien plus industrieuses, parce que leur société est bien plus nombreuse.

L'areignée, il est vrai, quoique vivant solitairement, nous a montré beaucoup d'industrie : mais combien n'en avait-elle pas besoin, puisque, étant sans aîles, elle est obligée, pour se nourrir, d'attraper d'autres animaux aîlés, et qui volent très-bien.

Le lièvre, trouvant par tout aisément sa nourriture, doit mener une vie solitaire et silencieuse ; aussi a-t-il peu d'industrie. Naturellement peureux et timide, l'agitation de l'air, le bruit d'une feuille, en voilà assez pour le mettre en alarmes et lui faire courir les champs. Encore s'il avait l'industrie de se faire un terrier ; mais il se croit suffisamment caché dans un sillon, entre quelques légères mottes de terre. L'hiver il cherche à se gîter à l'abri du vent froid, et l'été à l'abri du chaud dans les bleds. Lors que les épis sont grands, il les abat pour se faire des sentiers et pouvoir fuir librement ; car il ne doit espérer de salut que dans son caractère défiant, dans la finesse de son ouie, et dans la rapidité de sa course.

Rien n'épouvante plus le lièvre, que la présence ou la voix d'un chien; et c'est dans ces momens de grand danger que l'on voit cet animal paisible et simple, déployer une adresse qui étonne. A force de ruses, il sait fatiguer, dépayser, mettre en défaut le chien le plu exercé. Que de sauts en divers sens pour lui faire perdre la piste! que de tours, de détours, de retours! combien de haies franchies! Quelquefois il se tapit au milieu d'un troupeau de moutons; d'autrefois il traverse les ruisseaux et les mares, les rivières même. Mais, comme on dit, deux chiens font la mort du lièvre. Quand il en a deux à ses trousses, il ne peut guère leur échapper, sur-tout s'ils le tiennent sur une hauteur: car comme il a les pattes de devant fort courtes, et celles de derrière plus longues, il gravit avec facilité; mais il faut enfin descendre, et c'est alors que les chiens ne le manquent pas, parce qu'il fait sans cesse la culbute.

Le pauvre Lièvre est sans doute bien à plaindre d'être exposé à tant d'ennemis, avec si peu de moyens pour se défendre, et de servir sur-tout aux cruels amusemens de la chasse.

Mais il faut faire attention que ces animaux, ainsi que les Lapins, multiplient si promptement et avec tant d'abondance, que si leur multiplication n'était pas sans cesse détruite d'une manière ou d'autre, nous serions forcés nous-mêmes de leur céder la place; la terre entière ne serait bientôt habitée que par eux, et ils ne seraient pas mieux à leur aise, car ils seraient forcés de se dévorer entr'eux. Ainsi nous ne devons pas murmurer contre la nécessité, quand elle est si bien démontrée. Il arrive que les lièvres et les lapins deviennent très-utiles par leur mort, tant comme aliment, qui est d'un bon goût, que pour la peau qui sert à faire des doublures chaudes, et pour le poil qui est employé en grande quantité par les chapeliers.

Au reste, assez paisibles pendant le jour, la nuit est pour les lièvres le tems des promenades, des danses, des festins. C'est un plaisir de les voir au clair de la lune, jouer, sauter, gambader ensemble, se poursuivre et se donner mille ébats. Ainsi la nature ne les a point oubliés dans le partage du bonheur.

Il est un proverbe très-connu qui dit: *dormir comme le lièvre les yeux ouverts*. cet animal dort ainsi, il est vrai; mais ce n'est pas un effet de sa prévoyance; c'est qu'il a les paupières trop petites pour ses yeux, de façon qu'elles ne peuvent se joindre, et qu'il est obligé d'avoir les yeux demi-ouverts. Ne serait-ce pas un effet de l'attention de la nature, pour qu'il puisse plutôt appercevoir le danger? tout comme elle a garni et couvert de poil ses pieds, même par dessous, afin qu'il puisse marcher sans faire aucun bruit.

Les lièvres s'asseyent sur leurs pattes de derrière, sont assez caressans lorsqu'ils sont apprivoisés. On en a vu qui étaient dressés à battre le tambour. Cependant ils ne s'accoutument pas à l'esclavage, et comment peut-on s'y accoutumer? Ils tournent tous leurs efforts vers la liberté, quoiqu'elle les expose à tant de craintes et de dangers.

MOINEAU. Qu'il est vif et gentil! qu'il est drôle et amusant, notre piérot! mais qu'il est petit vaurien et hardi voleur! il ne laisse rien dans nos jardins et dans nos maisons, de tout ce qu'il peut détruire ou emporter. Et s'il était mis en jugement, comme les qualités amusantes ne peuvent jamais dispenser de celles qui tiennent au bien, ni les suppléer, il serait plus souvent exposé à être puni qu'à être cajolé.

Cependant il faut avouer que ses petits délits envers nous, ne le rendent pas aussi coupable que nous l'avons trouvé envers l'hirondelle; et trop souvent il est beaucoup plus puni qu'il ne doit l'être, par les jeux d'un enfant qui le tient dans ses mains.

Tu te garderas bien, mon enfant, de te livrer à ces jeux cruels, qui tendent à martyriser et à faire souffrir un être vivant et sensible, quelqu'il soit. Si l'on te pinçait fortement, comme tu pleurerais et crierais fort, et avec raison! Eh bien! ce pauvre petit oiseau, auquel on arrache les plumes, auquel on casse les pattes, auquel on tord quelquefois le cou; s'il ne peut ni pleurer ni crier, n'annonce-t-il pas assez par tous ses mouvemens et toutes ses agitations, la douleur et les souffrances qu'il éprouve?

Eh! que faudrait-il pour épargner tant de maux, qui retombent toujours sur ceux qui les font endurer? Il ne faudrait que supposer de la sensibilité dans ceux qui les endurent, et se mettre un instant à leur place: ce qui se ait bien simple et bien naturel.

Le moineau fait son nid sous le toit, ou dans quelque trou voisin, éleve tous les ans quatre ou cinq petits, et ne s'écarte guère des habitations. Son ramage n'est pas des plus beaux: *tchiri*, *tchiri*, *tchiri*: il ne sait répéter que cela, du matin au soir. Mais quand on le tient en cage on peut lui apprendre quelque chose de mieux, même jusqu'à un peu parler, et il est susceptible d'une assez belle éducation.

MOUCHE. Quant à ce petit insecte importun, nous aurions beau vouloir ne pas le connaître: dans les maisons, à la campagne, dans les jardins, dans les bois, où ne trouve-t-on pas des mouches? Si nous pouvions ne pas les voir roder à chaque instant autour de

nous

L. M.

Levrette
Loup
Lune
M Marteau
Mine
Montre
Mouche
Moulin
Moineau
B.I

L. M.

Loup. Ly-re. Lu-ne. Mar-teau. Mi-ne. Mon-tre. Mou-che. Mou-lin. Moi-neau.

---

nous; elles nous forcent bien à leur donner notre attention par les piqûres qu'elles nous font sentir, non-seulement aux jambes, mais aux mains, mais au visage même : car elles portent jusques-là leur effronterie. Bon gré, mal gré, il faut que notre curiosité s'attache sur elles.

Présentons notre main : nous voyons bientôt arriver une mouche. Elle s'y promène dessus, et fait trotter ses six petites pattes. Tantôt elle allonge ses deux pattes de devant, les croise, les démêle avec vivacité, semble vouloir les aiguiser, et les porte sur sa tête comme pour la nettoyer, ainsi que font les chats. Tantot elle joue de même avec ses deux pattes de derrière, les fait passer et repasser sur ses deux aîles, comme pour en secouer la poussière. Elle paraît occupée. Elle tâtonne, en baissant la tête. Prenons garde à ce qui sort de sa bouche. C'est un petit filet ou aiguillon, qui semble se déplier et se replier, qui est assez dur et assez pointu pour percer la peau, puisque la douleur nous force soudain de retirer la main.

Pour le coup c'est de la méchanceté. Que faisons-nous à cette mouche pour nous piquer?.. Ne nous pressons pas de la condamner.

Celui-là est méchant, qui fait le mal, tandis qu'il pouvait faire le bien. Les hommes sont réellement méchans quand ils cherchent à se nuire et à se faire du mal entr'eux, puisqu'ils n'ont reçu de la nature aucun moyen pour s'offenser ; puisqu'ils paraissent si bien nés pour être bons, pour vivre par-tout en frères et amis ; puisqu'ils ont reçu et qu'ils peuvent sans cesse employer tous les moyens de se faire du bien les uns aux autres. Comme ils sont punis d'être méchans, puisqu'ils deviennent si malheureux ! comme ils se trouvent récompensés d'être bons ; puisque c'est-là le seul moyen de parvenir au bonheur !

La mouche est née pour sucer notre sang, et les autres liqueurs dont elle doit se nourrir : aussi a-t-elle été pourvue d'un aiguillon ou petite trompe convenable par les soins de la bonne nature, ou de cette providence qui n'oublie pas de donner à chaque être tout ce qui lui est nécessaire pour vivre. Elle ne peut donc faire autrement que de piquer. C'est à nous à tâcher de nous mettre à l'abri de ses piqûres.

Voyons cependant si nous pourrions l'attraper. Plus rapide que notre main, elle s'est bientôt envolée, au plus petit mouvement dirigé contre elle. Tâchons de la prendre doucement par derrière. A-t-elle attendu ?.. Aurait-elle donc des yeux par derrière, puisqu'elle ne peut lever la tête ? Non ; mais elle a reçu un bien grand, bien grand nombre de très-petits, très-petits yeux, qui, rassemblés les uns à côté des autres, et formant comme deux boutons arrondis et saillans sur la tête, lui donnent la facilité de voir ce qui vient de tous les cotés. Si elle n'avait que deux petits yeux simples par devant ; comme elle a besoin de voler par-tout, de se fourrer par-tout, elle serait bientot écrasée. Ainsi, cet être que nous regardons comme si chétif, n'en a pas moins été l'objet d'une attention qui ne laisse rien d'imparfait.

Nous voyons presque toute l'année dans nos maisons une infinité de mouches entrer et sortir à tout moment, par les portes et les fenêtres. Elles restent chez nous, tant qu'elles y trouvent à manger. Elles sont sur-tout très-friandes de pâtisserie et de tout ce qui est sucré : avouons que leur goût n'est pas mal d'accord avec le notre, et qu'elles ne font que disputer de gourmandise avec bien du monde : n'est-ce pas mon enfant ?

Nous voyons assez souvent les étoffes, les murs, les livres, les tableaux, les boiseries, les vitres, les glaces ou miroirs, couverts de petits points noirs : ce sont les ordures des mouches, et non leurs œufs. Mais comment peuvent-elles courir en l'air sur nos plafonds, ou sur un objet aussi glissant qu'un miroir. Ce n'est pas sans avoir le moyen de le faire. Elles ont le bout de leurs pattes, en dessous, garni de très-petits poils imperceptibles, en forme de crochets ; et sur les corps les plus polis, elles trouvent toujours de quoi s'accrocher.

Le même instinct, ou sentiment conservateur, qui apprend aux animaux désignés comme insectes (dont les œufs n'ont pas besoin d'être couvés comme ceux des oiseaux) à ne les placer que dans des endroits où leur postérité peut trouver sans peine sa nourriture, enseigne la même chose aux mouches. Elles doivent déposer leur œufs sur la viande, fraîche ou non, sur les charognes, sur les fromages, sur tout ce qui sort du corps des animaux, comme excrémens, et dans tous les lieux les plus sales, parce que c'est là que leurs petits doivent vivre.

Nous allons être bientôt dégoûtés de nos mouches, en les voyant naître au milieu d'objets aussi dégoûtans. Si cependant c'est un moyen que la nature emploie, pour nous débarrasser promptement de tous les cadavres ou corps morts, de toutes les matières qui tombent en pourriture, et pour empêcher que l'air n'en soit sans cesse infecté, au point de nous empoisonner, il faut avouer que, pour lors, la grande utilité des mouches doit nous les faire supporter.

Quoi qu'il en soit, n'allons pas porter nos regards bien loin, pour savoir comment sont les mouches dans leur premier âge. Il est facile de trouver sur de la viande que l'on veut garder, sur des fromages, où ils sautent si bien, de petits vers blancs, qui sont sortis de très-petits œufs réunis en paquets, qu'une mère-mouche y a pondus. Car tous les animaux ont une mère. Ne croyons pas que c'est la pourriture qui les produit; c'est bien plutot eux-mêmes qui produisent ou hâtent la pourriture.

Ces vers mangent beaucoup, et grossissent jusqu'à ce qu'ils deviennent mouches à leur tour, et alors ils ne grossissent plus. Les petites restent petites; car il en est de toutes les tailles. Telles que celles qui volent par troupes, dans les jardins ou dans les bois, sur-tout par le beau temps, qui font mille mouvemens sans ordre, montant et descendant sans cesse.

Faut-il parler encore de ces autres petits insectes, nommés moucherons, dont le corps est étroit et alongé; qui sont si fâcheux, mais si gais, si vifs, si animés; que l'on voit toujours sautans, voltigeans, remuans, bourdonnans par-tout où ils se trouvent? ils sont plus avides de notre sang que les plus grosses mouches. Aussi, gare, gare leur piqûre.

Heureusement enfin, dans l'hiver, presque toutes les mouches doivent disparaître et cesser de nous inquiéter.

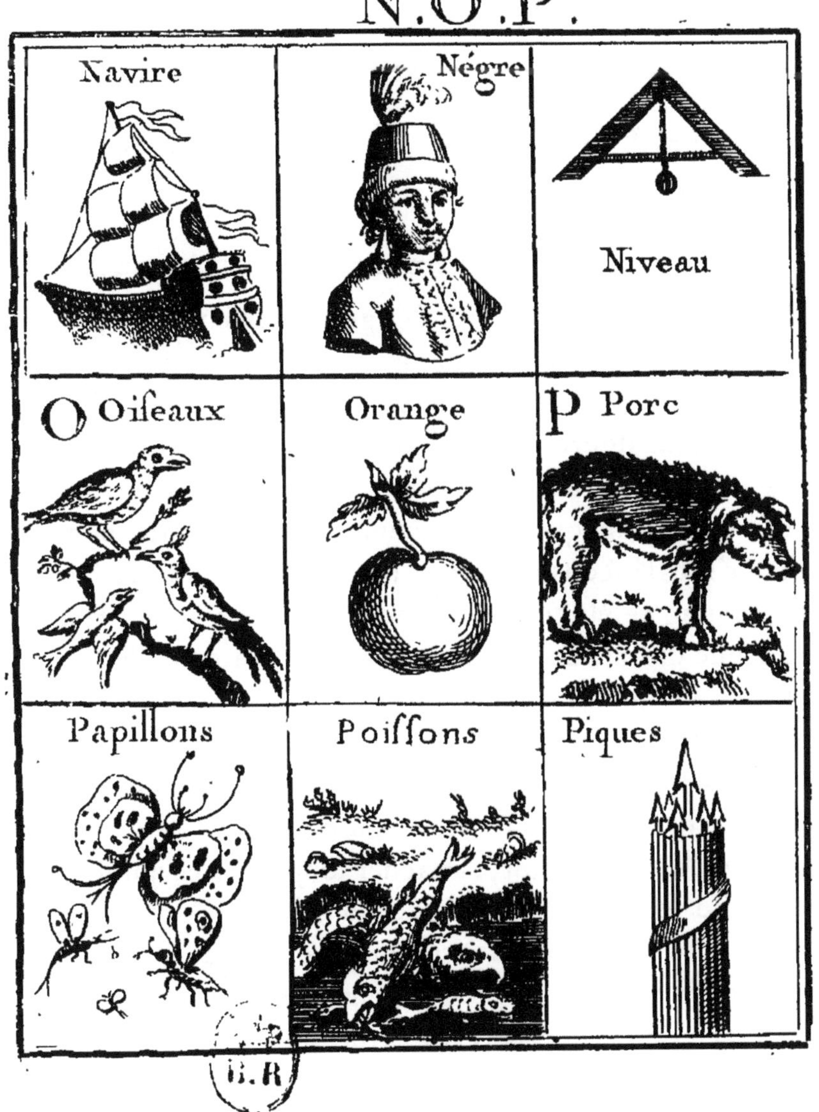
N.O.P.
Navire
Négre
Niveau
O Oiseaux
Orange
P Porc
Papillons
Poissons
Piques

N. O. P.

Na-vi-re. Nè-gre. Ni-veau. Oi-seaux. Oran-ge. Pa-pil-lon. Pi-que. Pois-sons. Porc. Pu-ce.

PAPILLON. Ce mot désigne ce qu'il y a de plus joli et de plus léger dans la nature.

Si l'on ne pouvait être joli, sans être léger, il ne faudrait pas plus desirer d'être l'un que l'autre. Car ce qui sert le moins au bonheur de ceux avec qui nous devons vivre, et parconséquent ce qui nuit le plus à notre bonheur, c'est l'inconstance ou la légéreté. Elle ne fait nullement notre éloge. Elle suppose autant de vuide dans l'esprit que dans le coeur, c'est-à-dire, aussi peu d'intelligence que de sensibilité. En ne courant qu'après des riens, et en ne s'attachant à rien, on annonce assez que l'on est bien peu de chose soi-même, et que l'on ne mérite pas que quelqu'un s'attache à nous.

Tu sauras, mon enfant, t'attacher toujours à ce qui doit t'être utile et mériter ton affection. Ainsi, dans ce moment, tu t'attacheras à savoir lire, parce que, au moyen de la lecture, tu pourras par toi-même apprendre tout ce qu'il t'est nécessaire de savoir, et tu auras dans tous les momens de ta vie, une ressource assurée pour t'amuser et t'instruire, Tu t'attacheras bientôt à savoir écrire, parce que l'écriture est aussi nécessaire que la lecture, si tu veux par toi-même pouvoir donner de tes nouvelles à tes parents ou à tes amis qui ne sont pas près de toi. Tu t'attacheras dans la suite aux occupations de ton état, si tu veux ne pas rester oisif et inutile ; si tu veux mériter de vivre heureux, en travaillant à te rendre utile aux autres comme à toi-même.

Voyons, cependant, si cette légèreté, qui serait un grand défaut et un grand malheur pour toi, peut être regardée de même pour le Papillon.

Il y a sans doute bien du plaisir à voir plusieurs papillons à la fois, avec leurs deux longues cornes, et leur quatre aîles étendues, voltiger çà et là sur toutes les fleurs d'un jardin ou d'une prairie. Que de brillant, de richesse et de variété dans leurs couleurs, qui semblent le disputer ou plutot s'accordent si bien avec les couleurs des fleurs mêmes! de manière que l'on croirait que les papillons sont des fleurs qui volent, et les fleurs des papillons en repos.

On doit encore apprécier d'avantage ce charmant spectacle, quand on sait mieux le voir, quand on sait que la nature a aussi accordé à ces êtres, comme à la mouche, deux gros yeux composés d'une infinité de petits yeux rassemblés, afin que, dans leur vol rapide et vagabond, ne pouvant tourner les yeux et la tête comme nous, ils ne soient point exposés à se heurter, à se briser contre tous les corps ; quand on sait que leurs aîles doivent leur couleur, leur éclat et leur conservation, à une poussière farineuse qui les couvre, et dont tous les petits grains sont arrangés comme les tuiles de nos toits.

Comment imaginer que tous ces papillons, si bien pourvus d'yeux et d'aîles, si clairvoyans et si agiles, ont vécu d'abord, et pendant assez long-tems sous la forme d'un ver ou d'une chenille, c'est-à-dire, d'un animal aveugle, lourd et rampant ?

Rien n'est cependant plus vrai, et il nous est très-facile de le voir, en suivant la vie de la Chenille la plus intéressante pour nous, à cause de son utilité ; que pour notre propre intérêt, nous élevons en si grand nombre ensemble, et qui nous est si bien connue sous le nom de *ver-à-soie*.

Cette Chenille, sortie de l'œuf, présente un petit vermisseau brun, avec la tête noire. On peut lui distinguer ensuite, ses neuf anneaux, ses seize pattes, et une pointe par le derrière.

Comme toutes les autres Chenilles, elle n'est à proprement parler, qu'un Papillon bien emmaillotté, et entièrement enveloppé de plusieurs peaux, dont il doit se dépouiller successivement. La première peau tombe peu après la naissance de la Chenille, et il se fait ensuite quatre autres mues ou changemens de peau, à environ sept jours d'intervalle.

A chaque mue, la Chenille paraît comme malade, et reste quelques heures, souvent plus d'un jour, sans manger et sans faire aucun mouvement.

Mais dans les intervalles d'une mue à l'autre, on la nourrit de feuilles de murier blanc, et cette nourriture, la seule qui lui convienne bien, la fait grandir si promptement, que sa peau devient trop étroite, de façon qu'elle se sépare et tombe.

Dix ou treize jours après la quatrième mue, environ quarante jours après sa naissance, la Chenille ayant heureusement atteint le terme de son accroissement, devient jaune ou couleur de chair, se purge de toute ordure, et ne retient que le sac qu'elle doit filer. Ce sac qui la remplit, doit sans doute l'incommoder, et elle a besoin de s'en débarrasser. Alors elle ne mange plus. La tête levée, elle se glisse à travers les branchages qu'on lui a préparés ; jusqu'à ce qu'elle ait trouvé un lieu à sa convenance, pour attacher son premier fil et s'y assujettir. Après quoi elle se courbe de tout côté et promène sa tête autour d'elle, jusqu'à ce que son enveloppe soit finie, et que toute la matière soyeuse soit filée.

Pendant tous ces mouvemens, deux fils lui sortent sans cesse de la bouche ; elle les applique en zig zag, les uns contre les autres, en les poussant continuellement avec sa tête ; forme ainsi jusqu'à six couches de soie, de plus en plus serrées ; et l'espèce de construction qui en provient, se nomme le *cocon* ou la *coque* : c'est, en quelque sorte, le tombeau de la Chenille, et le berceau du Papillon.

C'est dans ce cocon que la Chenille, au bout de quelques jours, dépose sa dernière peau. Alors c'est un être sous une nouvelle forme, désigné sous le nom de *nymphe*, ou plutôt de *chrysalide*. Dans cet état, il est comme engourdi, et ne fait aucun mouvement. Au bout de deux décades ou de vingt jours environ, on voit sortir un animal aîlé, qui, après avoir percé sa prison de soie, prend l'essor et s'envole : c'est le Papillon.

Telle est l'histoire de la Chenille qui nous fournit cette belle soie, dont l'industrie des Hommes sait profiter pour fabriquer de si brillantes étoffes. On la désigne aussi sous le nom de *Chenille du luxe*, parce qu'elle ne sert qu'à parer quelques personnes plus ou moins riches. Combien ne doit-il pas être plus recommandable à nos yeux, l'animal qui nous fournit sa toison de laine, et qui habille tout le monde ! Cependant il arrive qu'on ne fait aucune attention à un habit de laine, et qu'on en fait beaucoup à une parure de soie ; au point que celui qui la porte, croit pouvoir en tirer vanité, c'est à-dire, s'apprécier plus que ceux qui n'en portent pas. Il faut avouer que si quelqu'un avait le droit d'être vain, ce serait la Chenille qui produit la soie, ou l'ouvrier qui la travaille ; mais l'un et l'autre ont trop de bon sens pour y penser ; ils ne pensent qu'à leur travail.

Tu jugeras par là, mon enfant, que la vanité est toujours également déplacée et ridicule, et tu ne voudras pas te rendre ridicule toi-même, en affectant de la vanité, pas plus à l'occasion de la parure qu'à l'occasion de toute autre chose.

Les Chenilles sont aussi nombreuses et aussi variées que les Papillons; elles sont souvent décorées de couleurs encore plus brillantes. Mais parce qu'elles ne présentent pas une forme aussi agréable, doivent-elles être un objet de dédain, ou même d'effroi, comme elles le sont assez généralement ?

Ceux qui les dédaignent ne savent pas combien, par leur manière de vivre et leur industrie, la plupart méritent d'attirer encore plus notre attention que les Papillons. Ce n'est jamais la mine qui doit nous prendre, mais bien le talent et sur-tout la conduite de la vie.

Ceux qui en sont effrayés ne savent pas qu'elles n'ont rien de méchant et de vénimeux, qu'elles ne sont pas plus dangereuses que notre ver-à-soie. Il en est qui sont recouvertes de poils et qui peuvent occasionner quelques petites démangeaisons; mais il suffit de les manier avec précaution.

En attendant que nous puissions, à la campagne, nous amuser à en chercher et à les examiner, faisons une petite connaissance avec quelques-unes que l'on rencontre le plus fréquemment.

La première est la Chenille nommée *commune*, parce

qu'elle n'est que trop multipliée, malheureusement pour nos vergers ou nos arbres à fruit. Elles se réunissent, filent en société une tente de soie, y forment plusieurs petites cellules où elles habitent cinq ou six ensemble, ménagent une issue sur les routes communes qui conduisent au dehors. C'est-là qu'elles se retirent, se mettent à l'abri des injures de l'air, et elles sortent pour aller ravager les premiers bourgeons et les feuilles naissantes. Ces petits paquets que l'on voit sur les arbres pendant l'hyver, sont ces tentes qu'elles habitent, et qu'il faut s'empresser de détruire dans cette saison, si l'on ne veut pas voir ces arbres, dès le printems, exposés aux ravages de ces insectes.

Il est une autre Chenille surnommée *la livrée*, qui doit son nom aux bandes blanches, bleues et rouges, dont elle est parée. Celle-ci doit nous être maintenant bien agréable, puisqu'elle porte l'honorable livrée de notre Liberté, nos trois couleurs nationales, la seule livrée, sans doute, qui puisse honorer. Ces Chenilles, réunies en société, s'accommodent de toute sorte d'arbres, et font aussi de très-grands dégats. Elles filent toutes de concert une tente, sous laquelle elles vivent amicalement, et vont manger les bourgeons et les feuilles qui se trouvent autour d'elles. Lorsque tout est dévasté, elles se transportent plus loin, se construisent une nouvelle habitation, d'où elles sortent pour faire les mêmes dégats.

D'autres Chenilles qui vivent en société sur les chênes, sont nommées *processionnaires*. Elles se construisent une tente de soie, d'où elles sortent à l'approche de la nuit, pour manger les feuilles des environs. Leur marche est toujours réglée. Les troupes les mieux disciplinées ne s'avancent pas en meilleur ordre. Les rangs sont serrés. On en voit une en tête, qui est comme le Commandant général de la troupe. Elle est suivie de deux autres de front; celles-ci le sont de trois, qui le sont de quatre; ces dernières, de cinq; tout le reste de la troupe suit ainsi sur cinq de front : c'est-là, du moins, l'ordre qu'elles observent ordinairement. On les voit descendre à la file les unes des autres, le long du tronc d'un arbre, passer sur les feuilles, et manger tout, sans interrompre l'ordre de leur marche. Ont-elles pris leur repas et satisfait leur appétit, elles se retirent toujours en bon ordre dans leur nid, pour recommencer de nouveau sur le même arbre ou sur un arbre voisin. Combien ces processions, formées par le besoin de l'ordre, pour ne pas s'égarer, doivent nous paraître plus intéressantes que celles formées sans nécessité et sans utilité, par d'autres êtres, il est vrai, que par les Chenilles, et qui ne manifestent, au bon sens, que l'ignorante bonne foi, conduite par la tromperie intéressée.

Il nous faut encore connaître les Chenilles *arpenteuses*, ainsi nommées, parce que leur marche est telle qu'elles paraissent arpenter ou mesurer la longueur du terrain avec leur corps, ramenant toujours les pattes postérieures à la place où étaient les deux pattes de devant. L'arpenteuse ne saurait faire un pas sans filer un cordon de soie, qui lui sauve souvent la vie. Quelque choc, quelque danger la menace-t-elle, elle se laisse glisser le long de son fil, comme l'Araignée; lorsque le danger est passé, elle remonte. Arrivée dans un lieu sûr, elle se débarrasse, en coupant le paquet de fil qu'elle avoit pelotonné dans ses pattes en montant. Cette Chenille tombe quelque fois des arbres sur notre visage, et on s'en effraye beaucoup;

mais c'est bien sans raison ; avec sa peau lisse, elle ne peut avoir rien de dangereux.

C'est bien notre faute, si nous ne savons pas recueillir du seul spectacle des Chenilles, des amusemens aussi variés qu'elles. Elles nous paraissent trop méprisables, pour devoir attirer nos regards. Sachons mieux raisonner notre mépris.

Méprisons les Etres qui trompent la destinée qui doit leur être propre.

Les Hommes sont destinés par la Nature et l'Humanité, à être bons, à s'aider sans cesse les uns les autres. Qu'ils sont donc méprisables, ceux qui passent leur vie à faire du mal à leurs semblables, ou à ne leur faire aucun bien !

Les Chenilles peuvent ne pas penser à nous, et user, à nos dépens, du droit qu'elles ont de vivre et de se nourrir de ce qui leur convient. Mais si nous avons aussi le droit de les détruire pour nous préserver de leurs dégats, nous pouvons bien nous dispenser d'en faire un objet de mépris. Combien ne méritent-elles pas plutôt de fixer notre admiration même ! Par elles, nous pouvons nous élever vers cette SUPREME INTELLIGENCE, qui leur a si bien départi les moyens de remplir leur destinée, et qui a si bien combiné leur organisation ou manière d'être, et leur industrie, avec leur durée et leurs besoins.

Toutes les Chenilles sont appelées, comme le ver-à-soie, à remplir la même carrière, à passer de la vie rampante à la vie immobile, et de celle-ci à la vie volage. Mais par combien de sentiers différens doivent-elles arriver à cette commune fin ! Les unes sont destinées à vivre en société ; les autres, solitaires. Pour se mettre à l'abri des injures de l'air, elles savent se construire en commun ou en particulier, un logement aussi varié que commode.

Pour les unes, c'est une tente de soie ; pour les autres, c'est une feuille pliée, roulée, liée avec le plus grand art.

Faut-il en venir à la métamorphose, ou au changement de forme ? Que de variétés ne présentent-elles pas encore ! Les unes se suspendent par les pattes, la tête en bas ; d'autres se lient avec un fil de soie, par le milieu du corps ; d'autres, probablement destinées à passer plus long-temps dans cet état, et voulant se mettre mieux en sûreté, se fabriquent une enveloppe qui les cache. Celle-là donne à sa coque la forme d'un bateau renversé ; celle-ci la forme d'une hotte.

L'une ne pouvant filer qu'un tissu lâche, supplée au défaut de soie par son poil, qu'elle détache de son corps, et dont elle garnit les mailles. L'autre fabrique son enveloppe avec de l'herbe ou du bois, ou de l'écorce bien fine : et toutes savent joindre la solidité à la beauté.

Oh ! les Chenilles seules auraient tant et tant de choses curieuses à nous montrer !... mais nous ne devons pas d'abord penser à tout savoir. Quand nous aurons bien appris ce qu'il y a dans ce livre, nous en aurons un autre qui nous en apprendra davantage. Nous tâcherons aussi d'apprendre quelque chose par nous-mêmes, ce qui sera bien mieux ; et quand nous trouverons des Chenilles, maintenant que nous voilà familiarisés avec elles, et que nous n'aurons plus la faiblesse de les craindre, nous profiterons de l'occasion pour les bien connaître. Contentons-nous donc de ce que nous en savons. On ne pourra plus, du moins, nous tromper si aisément sur leur compte, comme quand on nous faisait croire que certaines cérémonies pouvaient les faire disparaître.

Quand nous verrons, à certain tems, les Chenilles disparaître à-la-fois, nous saurons qu'il n'y a rien là d'étonnant, que c'est une chose bien naturelle, et qu'elles doivent alors disparaître pour passer à leur second état de chrysalide.

C'est toujours sur l'ignorance crédule, que doit compter celui qui veut tromper. Ce n'est pas que la honte ne doive plutôt s'attacher à la tromperie qu'à la crédulité : mais, s'il n'y avait pas d'ignorance, il n'y auroit ni trompeur ni dupe, et tout le monde y gagnerait.

A quoi bon aussi chercher d'autres miracles, ou prodiges merveilleux, plus dignes de nous faire croire à l'existence d'un DIEU ou d'un ETRE TOUT-PUISSANT, que ces miracles qui se trouvent par-tout sous nos yeux et se renouvellent sans cesse, qui s'opèrent sous une enveloppe de soie, sous un voile de gaze ! Ceux-là de miracles parlent réellement à notre raison comme à nos sens. Car ce n'est pas sans raison que la Chenille devait recevoir de cet ETRE TOUT-PUISSANT, la faculté de prévoir l'état léthargique qui l'attend, et de travailler d'avance à se rendre invisible pour se mettre en sûreté.

Mais, comment le Papillon, faible, sans instrument tranchant, à peine développé, s'y prendra-t-il pour percer les murs impénétrables qui servaient à le garantir de l'insulte pendant son engourdissement ? Comment, entièrement dépouillé de son dernier fourreau, soutiendra-t-il l'éclat de la lumière et la vivacité de l'air ?

Voici bien d'autres miracles.

En prenant une coque, en y faisant aux deux côtés une petite ouverture avec des ciseaux, et en la collant par-là contre un verre, on peut observer l'insecte. On voit les organes, ou les différentes parties de son corps, se développer insensiblement. En le suivant des yeux, on voit qu'il fait effort pour sortir de sa prison.

On remarque, sur-tout, qu'il dégorge une liqueur ou écume, et par ce moyen il amollit le bout de sa coque, qui ne peut plus résister aux coups de tête qu'il donne.

Peu-à-peu la barrière s'ouvre; le Papillon sort. L'impression de l'air agit sur ses aîles, qui, peu apparentes d'abord, s'étendent avec une rapidité singulière, afin que la sécheresse ne vienne pas arrêter leur développement. Dans l'état de Chenille, sa bouche était munie de bonnes mâchoires ou de bonnes dents, pour hâcher et mâcher les feuilles qui devaient le nourrir. Dans son dernier état, il est destiné à prendre une nourriture bien plus légère, à sucer la douce liqueur renfermée dans le calice ou le fond des fleurs. Et l'on voit maintenant à sa bouche, une trompe, ou suçoir, d'abord allongé, qui se roule sur lui-même, et va se loger dans le réduit qui lui est préparé.

Voilà le Papillon entiérement éclos et libre. Il agite ses aîles avec un doux frémissement. Il prend l'essor, et d'un vol rapide et sinueux, il parcourt les prairies émaillées de fleurs. Déroulant et plongeant aussitôt sa trompe dans leur calice, il semble vouloir s'enivrer de la liqueur mielleuse qu'il y trouve. Que de gaîté, de feu, d'action, d'agilité! On dirait qu'il veut cueillir tous les plaisirs à-la-fois, et caresser toutes les fleurs ensemble. Sans cesse transporté de l'une à l'autre, il semble ne se reposer sur aucune. A peine a-t-il le tems de l'aborder, qu'il s'élance, et va goûter ailleurs les charmes, pour lui, de l'inconstance et de la nouveauté.

Il faut avouer que le Papillon n'est pas un modèle à citer, pour ceux qui veulent réellement jouir de la vie, en abusant de rien, et en usant de tout avec modération et sagesse. Mais nous serons bien portés à lui pardonner toutes ses petites fredaines, quand nous saurons qu'après avoir passé des décades, des mois, et même des années entières, dans l'état de Chenille ou de chrysalide, il n'a que quelques jours à vivre dans son dernier état.

Il doit nous paraître bien extraordinaire, qu'il jouisse si peu de tems, d'un développement qui a été si long et si pénible.

Comme la Providence fait bien tout ce qu'elle fait; si elle a donné une si courte durée au Papillon, c'est parce qu'il n'a pas besoin de vivre davantage pour satisfaire à sa destinée. Ce n'est pas la durée, mais le bon emploi de la vie, qui la rend longue : après s'être acquitté de la tâche principale qui lui est imposée; après avoir pris le soin maternel qu'il doit à ses œufs et à sa postérité, il n'a plus aucun devoir à remplir, ni aucun plaisir à goûter, et il meurt sans douleur et sans regret.

Mais la Providence a destiné l'Homme à des devoirs bien plus nombreux et bien plus importans, puisqu'ils doivent tendre à faire, avec son propre bonheur, celui de tout ce qui l'entoure. Aussi, après avoir acquis son entier développement, quelle longue carrière il lui reste à parcourir, pour remplir sa glorieuse destinée!

Cependant, hélas! combien peu d'Hommes savent profiter de ce bienfait de la Providence, et s'acquitter envers elle de l'engagement qu'ils ont contracté en naissant! Combien, après avoir reçu une longue existence, meurent sans avoir fait aucun bien à leurs semblables, et dès-lors, sans avoir vécu un seul instant!

Oh! mon enfant, tu sauras qu'il est des hommes, ou plutot des êtres qui ont cessé d'être hommes, en devenant ce qu'on nomme *rois* ou *princes*, et qui ne sont rien

dans

dans la Nature. Eh, bien ! ces pauvres êtres, étrangers à tous les sentimens de l'Humanité, pour lesquels ils étaient nés, restent ensevelis dans leurs palais, comme les chrysalides dans leurs coques, et sans cesse entourés d'autres êtres qu'on nomme *courtisans*, qui sont des sortes de Chenilles, rampantes comme les autres, mais venimeuses et nullement industrieuses. Et ces nouvelles chrysalides, *royales* ou *impériales*, ne doivent-elles pas avoir, comme le Papillon, au moins quelques jours d'existence ? Ne doivent-elles pas sortir de leur prison dorée, pour jouir, un instant, de la liberté et du bonheur de la vie ? Non, jamais, jamais. Toujours ces infortunés doivent rester chrysalides ; et en mourant réellement, ils ne font que changer de tombeau, c'est-à-dire, qu'ils sont transportés d'un tombeau dans un autre : voilà leur fin ....

Plaignons, plaignons bien sincérement des êtres si malheureux. Mais comment peut-on penser à se laisser gouverner par eux ? Comment peut-on croire même que ce n'est que par eux qu'on doit se laisser gouverner ?... Oh ! pour leur bonheur et le nôtre, autant que pour l'honneur de notre raison, qu'ils ne paraissent plus au milieu de nous.

Tu te féliciteras, mon enfant, de n'avoir été ni roi, ni prince, d'être né dans une République, où on ne doit reconnaître que des Citoyens, et où ces Citoyens ne doivent se faire distinguer et apprécier que par de bonnes œuvres et une bonne conduite. Tu voudras aussi te rendre digne de mériter ce beau titre de Citoyen : tu sauras que pour le mériter, il faut savoir bien vivre, il faut savoir diriger tous ses discours, toutes ses actions, tous ses travaux vers le but le plus utile à ses Concitoyens ou à sa Patrie. Alors, il te sera prouvé que la vie est bien douce et bien longue, quand elle est bien employée.

Mais encore quelques mots sur nos Papillons.

Tous n'ont pas besoin de faire les mêmes efforts pour sortir de leur enveloppe. La plupart, en y travaillant sous la forme de Chenille, ont su se ménager une sortie aisée. C'est quelquefois un petit couvercle mobile, bien artistement arrangé, et soulevé au choc le plus léger. D'autres fois, c'est une petite ouverture qui n'est connue que du Papillon seul.

N'oublions pas ici qu'il est certain Papillon, qui, en sortant de l'état de chrysalide, se vuide d'une liqueur rougeâtre. Ces taches, que l'on peut voir de toutes parts sur les murs, ont été prises, par des imaginations effrayées, pour des gouttes de sang, et pour le présage ou l'annonce des plus tristes malheurs.

Nous serons exempts de cette crainte, qui n'est produite que par l'ignorance, et qui ne peut être entretenue que par la superstition : car la superstition ne se nourrit que d'ignorance et de crainte. Ce qui doit annoncer des malheurs, ce n'est pas la Nature, c'est le mal que nous faisons ou que nous voyons faire : car ce qui doit être toujours à la suite du mal, c'est le malheur. Puisse-t-il aussi ne retomber toujours que sur les méchans qui l'occasionnent ou le font naître!

Les Papillons, comme les fleurs qui leur sont destinées, ne doivent paraître qu'avec le beau tems. Et quelle famille aussi variée que nombreuse ils présentent par-tout! Cependant, après avoir vu pendant le jour tant de Papillons, il en est au moins encore autant, dont nous ignorons l'existence, puisqu'ils ne doivent paraître que pendant la nuit; aussi les a-t-on distingués en Papillon de jour, et Papillon de nuit. Ceux qui ne doivent se montrer que le jour, sont reconnus par des cornes qui ont un petit bouton au bout; ceux de nuit ont leurs cornes en forme de barbes de plume.

Pourrions-nous ne pas déplorer le sort de ces pauvres Papillons, que nous voyons si souvent le soir venir roder autour de la lumière de nos chandelles ou lampes, qu'ils ont le malheur de prendre pour la lumière du jour? On a beau vouloir les éloigner, il faut toujours qu'ils viennent s'y brûler, ou les aîles, ou les pattes, ou le corps; tant il est vrai que rien n'est plus dangereux que l'illusion ou l'erreur, et qu'on ne peut qu'en être tôt ou tard la malheureuse victime, quand on est assez aveugle pour s'y laisser entraîner, et pour ne pas vouloir reconnaître la vérité.

Nous voici arrivés au dernier acte qui doit terminer l'histoire de nos Papillons. Nous pourrons y revenir plus d'une fois à cette histoire; elle est, sans doute, assez intéressante.

Toutes les Chenilles ont une nourriture qui leur est propre. Les unes ne veulent que du chou; les autres, des feuilles de certains arbres; d'autres, des herbes particulières, et chacune se laisserait plutôt mourir de faim que de manger autre chose. Aussi, les Papillons le savent-ils bien, et ne manquent pas de mettre leurs œufs dans un endroit convenable, où ils sont assurés que leurs petits trouveront tout de suite à manger, sans être obligés d'aller à la quête. Eh! que deviendrait la Chenille qui ne mange que du chou ou de l'ortie, si le Papillon-mère avait mis ses œufs à la cime d'un arbre ?

Mais la bonne Providence, qui a pris pour les Chenilles les mêmes soins qu'elle prend pour tous les autres êtres, qui ne les a pas plus abandonnées au hazard, après avoir préparé à chacune, la provision qui lui convient, et avec abondance, a donné à chaque Papillon, quoiqu'il ne se nourrisse lui-même que du miel des fleurs, l'instinct maternel de ne mettre ses œufs que sur les feuilles ou les herbes dont sa postérité doit se nourrir.

C'est vraiment un plaisir, que de voir un Papillon blanc, ou d'un gris jaunâtre, après avoir voltigé sur différentes fleurs dans un jardin, s'arrêter sur un chou pour y déposer un œuf, puis retourner aux fleurs, revenir au chou, et continuer ces alternatives, jusqu'à ce que sa ponte soit achevée.

Ainsi, la Chenille *livrée* ne se nourrit que de feuilles d'arbre; et la mère sait aussi y déposer ses œufs; elle les arrange avec un art singulier, en forme d'anneau, autour d'une branche, et les y fixe avec une sorte de mastic ou de colle. Ces œufs, ainsi pondus pendant l'automne, ne craignent pas d'être exposés à toutes les injures du tems, et résistent aux froids les plus rigoureux de l'hiver. Au premier beau jour du printems, la petite Chenille qui sort de son œuf, trouve soudain, avec l'existence, tous les moyens de la conserver.

POISSONS. Les Oiseaux sont regardés comme les habitans naturels de l'air, et pour s'y soutenir et voler avec autant de légéreté, ils sont couverts de plumes et pourvus d'aîles bien légères. La terre est plus particulièrement habitée par ces animaux qui ont quatre pattes pour marcher, comme l'Ane, le Chien, le Chat, et autres, qu'on nomme *Quadrupèdes*. L'eau est l'habitation naturelle ou le séjour ordinaire des Poissons.

Tu te rappelleras aussi, mon enfant, qu'il y a des animaux, qui, comme nous avons vu la Grenouille, peuvent habiter tantôt l'eau, tantôt la terre, à leur volonté; d'autres qui, comme nous avons vu la Demoiselle, après avoir d'abord vécu dans l'eau avec les Poissons, doivent ensuite vivre dans l'air avec les Oiseaux. C'est ainsi que la Nature a voulu tout peupler et tout lier en même tems. C'est ainsi qu'elle nous montre que rien ne doit être isolé ou rester seul. Et si elle a cherché à lier entr'eux des êtres si différens et si éloignés l'un de l'autre, tels que le Poisson et l'Oiseau, comment l'Homme ne chercherait-il pas à se lier par-tout avec son semblable, c'est-à-dire, avec lui-même? Combien doivent-ils donc se rendre coupables et malheureux, les Hommes, lorsque méconnaissant à-la-fois leur origine et leur fin, trahissant les vœux de l'Humanité et de la Nature, ils cherchent à s'isoler, à se diviser entr'eux!

Ce qui distingue sur-tout les animaux, des plantes, c'est que celles-ci sont fixées à la terre par leurs racines, tandis que les animaux se transportent à leur gré d'un lieu à un autre; et faut-il bien qu'ils puissent le faire, ne fût-ce que pour aller chercher leur nourriture, qui ne vient pas les chercher, comme cela arrive aux plantes.

Les Poissons n'ont point de pieds ou de pattes, ni d'aîles proprement dites, parce qu'ils ne sont pas destinés à marcher ni à voler. Ils ont des paquets d'arêtes ou épines, recouvertes et liées par une peau mince, disposées en éventail ou en manière d'aîles, et placées sur les côtés, sur le dos, sous le ventre, à la queue. On les désigne sous le nom de *nageoires*. C'est à l'aide de ces nageoires, que les Poissons nagent et font dans l'eau toutes sortes de mouvemens. Aussi quand on coupe à un Poisson quelque nageoire, par exemple celle de la queue, alors il ne peut plus nager en avant, ou du moins il a beaucoup de peine à s'avancer un peu par le moyen de ses autres nageoires. Si on lui coupe celles des côtés, alors il tourne au gré des eaux et ne peut plus se soutenir dans sa posture naturelle, le ventre en bas. Si on le prive de celles du dos et du derrière, il ne peut plus se tourner et il est forcé de suivre le courant de l'eau. Ainsi l'économe et sage Nature ne donne que ce qu'il faut; mais elle donne tout ce qu'il faut.

C'est toujours dans l'eau, le jour et la nuit, l'hiver et l'été, que les Poissons doivent rester. Ils se gardent bien d'en sortir; car s'ils restaient seulement quelques minutes dehors, ils souffriraient beaucoup, s'ils n'en périssaient pas. Ils ne sont pas, sans doute, frileux comme nous; ils ne meurent pas de froid sous la glace; la plupart préfèrent même l'eau froide: plus elle l'est, plus ils s'y multiplient, plus ils y prennent d'embonpoint.

Mais les Poissons ne sont-ils pas à la fin trop mouillés, et n'en sont-ils pas incommodés? Point du tout. Ils sont couverts d'une enveloppe dure et huileuse, formée par ce que l'on nomme des écailles; et ceux qui n'en ont point, ont au moins une peau épaisse et grasse, que l'eau ne saurait pénétrer, de sorte que jamais la chair du Poisson ne se mouille. Ces écailles sont placées l'une sur l'autre, et arrangées à-peu-près comme les tuiles d'un toit : dans certains Poissons elles sont si petites, qu'on a de la peine à les distinguer, dans d'autres elles sont de la largeur d'une grosse pièce de monnaie.

Il y a une bien grande, bien nombreuse multitude de Poissons, tant gros que petits, depuis la petitesse d'un vermisseau, jusqu'à la grosseur d'un Bœuf, ou même d'un gros char rempli de foin : tel, et plus gros encore, est le Poisson qu'on nomme Baleine, et qui est le plus gros animal qu'il y ait dans le Monde. L'Homme qui croit se faire distinguer par sa taille, n'aurait pas beau jeu de se mesurer avec ce Poisson. Aussi, ce n'est point par la taille que la Nature veut que l'Homme soit distingué des autres animaux, mais par une raison bien éclairée, et par une conduite bien raisonnée.

Les Poissons se nourrissent des plantes, des insectes, et autres objets qui se trouvent dans l'eau ; et même les gros Poissons mangent les plus petits. Il y en a qui nagent seul à seul, d'autres qui ne vont qu'en société; d'autres font, en troupe, des voyages, et quittent leur patrie pour aller visiter de nouveaux pays ; d'autres ne s'éloignent pas des eaux où ils sont nés. Il y en a qui ne se tiennent que dans les eaux salées, comme celles de la mer ; d'autres, dans les eaux douces, comme celles des rivières, des lacs, des étangs; d'autres, enfin, qui passent des unes dans les autres.

On peut manger presque tous les Poissons, ou en tirer quelque utilité. On les mange, tantôt frais, comme la Carpe, la Truite ; tantôt salés, comme la Morue ; le Hareng se mange des deux manières. Il y a des millions d'Hommes qui ne vivent presque que de Poissons, et qui n'en pêchent que pour eux ; il y en a d'autres qui font de leur pêche un commerce important, et en retirent un grand produit : et nous nous en trouvons très-bien. S'il nous fallait aller dans des mers très-éloignées et bien froides, pour pêcher un Hareng ou une Morue, quand nous voulons en manger, car c'est de là d'où viennent ces Poissons, il faudrait bien nous en passer. Mais, d'après l'arrangement ordonné par la Providence, chacun, selon sa situation ou son inclination, doit être porté à des entreprises ou à des travaux auxquels d'autres ne pensent pas ou ne sont pas propres. Ainsi, l'un construit des vaisseaux ; l'autre s'embarque dessus, pour courir les mers, et nous apporter les Poissons ou autres productions des parties du Monde les plus lointaines. Ainsi, l'un nous habille ou nous loge ; l'autre nous chausse ou nous meuble ; l'un laboure nos champs ; l'autre nous instruit par de bons livres ; cet autre prend mille peines pour secourir et consoler son prochain. Pourrions-nous donc, sans rougir de nous-mêmes, ne pas contribuer de nos travaux au bonheur public, puisque nous sommes bien aises d'en prendre notre part ?

A voir la quantité de Poissons, de marée ou autres, que l'on prend toutes les années, on pourrait s'étonner de voir toujours les mers, les lacs, les fleuves, les rivières, également poissonneux. Mais il faut remarquer, d'un autre côté, la quantité encore plus étonnante, d'oeufs que chaque femelle renferme : on cesse même d'être étonné, quand on sait que les petits qui doivent naître, n'ont besoin, de la part de leur mére, d'aucune sorte de soin pour vivre ; aussitôt après leur naissance, ils se développent d'eux-mêmes, et par-tout où ils sont jetés, ils trouvent également leur nourriture.

Nous nous soucierons bien peu, sans doute, de desirer le sort des Poissons : ni les mères ne connaissent leurs enfans, ni les enfans ne connaissent leur mère ; comment peuvent-ils être heureux ? Ils le sont à leur manière, comme nous devons l'être à la nôtre.

PORC. Voici bien le plus brut de tous les animaux, qui n'a que des habitudes grossières et des goûts immondes. Mais il nous faut tout voir, si nous voulons tout connaître, et il nous est assez essentiel de connaître au moins tout ce qui vit avec nous ou autour de nous. Le Porc, autrement dit Cochon, ne vit exactement que pour manger, et toute nourriture lui convient. Sa gourmandise ou sa gloutonnerie est excitée par les mêts les plus sales et les plus dégoûtans ; elle lui fait manger indistinctement tout ce qui se présente, et même sa progéniture ou sa propre famille au moment où elle vient de naître. On a même vu et il ne faut pas l'ignorer pour qu'on y prenne garde, on a vu des Cochons dévorer des enfans dans le berceau. Oh ! quel animal aussi atroce que vilain ! cependant, il est si lâche, que pour peu qu'on puisse se défendre, il n'est pas bien à craindre.

Indifférent à tout, et sans attachement marqué pour rien, il vit également seul dans sa loge, ou en compagnie dans une étable. On le mène en troupeau dans les champs ; il fouille toujours la terre avec le groin ou museau, pour y prendre des Rats ou des Vers qu'il mange avec toute sorte d'ordures et toujours avec voracité. Souvent à force de manger, il devient si gros et se remplit tellement la panse, qu'il ne peut plus se tenir debout et qu'il est prêt à étouffer. Il est si paresseux, qu'il reste bien des jours et des décades entières à la même place, sans en bouger; et il devient si insensible, qu'il arrive que les Souris et même les Rats s'établissent sur son dos, lui mangent le lard sans qu'il s'en apperçoive, et font leurs nids dans les trous qu'ils y ont creusés. Aussi, par une suite de son intempérance ou de sa malpropreté naturelle, il est soumis à une maladie qu'on nômme ladrerie, qui est une insensibilité sur tout le corps.

Ce qu'il y a cependant d'assez singulier, c'est que les Cochons, qui ne sont presque pas sensibles aux coups, ne peuvent supporter la pluie ou le vent, le tonnerre ou les éclairs; s'il s'élève un orage pendant qu'ils sont aux champs, ou s'il survient une grosse pluie, ils se mettent aussitôt à courir les uns après les autres, pour regagner l'étable, en poussant de grands cris, c'est-à-dire, en grognant de toutes leurs forces.

Tous les animaux ont commencé par être libres, et par vivre sous les seules loix de la Nature. Mais parmi tous ceux que nous avons soumis à la domesticité ou à l'esclavage, aucun n'en a été plus dégradé, et indique sa dégradation par plus de signes extérieurs, que le Porc. Des oreilles molles et pendantes, une tête toujours baissée sur la terre, un museau toujours plongé dans la fange, un regard stupide, un corps lourd et sans aucune forme agréable, un naturel tellement aliéné ou perdu, que les petits à peine reconnaissent leur mère.... Voilà ce que présente cet animal. Et qui voudrait avoir avec lui, quelque chose de commun, quelque trait de ressemblance ?

O mon enfant, tu auras bien à gémir sur le sort des Hommes, quand tu sauras qu'ils sont parvenus à se rendre esclaves eux-mêmes, et à partager tous les vices, toutes les dégradations du Porc. Combien en est-il qui sont aussi lâches, aussi paresseux, aussi gloutons, qui suivent le même appétit brutal, font de même, comme on dit, *dieu de leur ventre*, et ne vivent que pour manger ! Combien de traits de ressemblance vient présenter, sur-tout, un des vices les plus odieux, l'avarice !

L'avare ne pense qu'à amasser des trésors, qui doivent être aussi inutiles, aussi incommodes, aussi nuisibles pour lui-même, que la graisse l'est pour le Cochon. Sans besoin, sans honte, sans pudeur, il cherche à assouvir sa basse cupidité, sa voracité d'argent ou de richesses, par tout ce qu'il y a de plus sale et de plus dégoûtant ; et sans cesse il fouille avec ses mains, comme le Porc avec son groin. Egalement ladre, insensible pour lui-même, il n'a pas plus d'attachement, pas plus d'entrailles pour sa propre famille que pour les autres êtres, qui lui sont absolument étrangers. Il peut n'être pas effrayé des orages, des tonnerres ; mais toujours en but au soupçon, à la crainte d'être volé, qui le tourmente, le bruit le plus léger, le silence même suffit pour redoubler son effroi et son tourment. Enfin, comme le Porc, l'avare ne peut valoir qu'après sa mort, et par la dépouille qu'il est obligé de laisser. Oh ! quel être malheureux, puisqu'il n'a aucun sentiment affectueux à éprouver avec lui-même, ou à partager avec les autres ; puisqu'il n'est entouré que d'autres êtres qui le haïssent ou le méprisent, et qui sont toujours impatiens de le voir mourir, pour recueillir et consommer soudain ce qui lui a coûté tant de peines, et ne lui a procuré aucun plaisir . . . .

Il n'y a, sans doute, que notre intérêt qui puisse nous faire nourrir et supporter le Cochon ; il faut avouer aussi que tout sert dans cet animal, quand il n'est plus en vie : la chair, le lard, le sain-doux ou la graisse : boudins, saucisses, andouilles, saucissons, cervelats, petit-salé, que de mets différens ne tire-t-on pas de lui, et tous très-bons au goût. La peau du Cochon, préparée, sert aux relieurs, aux bourreliers et autres ouvriers de ce genre ; les soies ou poils donnent des balleis, des brosses, des pinçeaux, &c.

PUCE. En cherchant à connaître les Poissons : nous avons su qu'il y a un bien gros animal, que l'on nomme *Baleine;* en voici, au contraire, un bien petit, qu'il y a loin de l'un à l'autre ! et cependant, c'est bien loin encore d'être le plus petit. Mais, dans la suite, nous pourrons connaître ces autres plus petits animaux, qui, au reste, ont reçu aussi bien que les plus gros et que nous-mêmes, tout ce qu'il leur faut pour vivre. Ce qu'il y a de fâcheux, c'est qu'il y en ait qui ne puissent vivre qu'aux dépens des autres, et sur-tout à nos dépens. Telle est la Mouche, qui n'épargne pas notre sang, quand elle peut le sucer. Telle est encore la Puce, plus incommode et plus redoutable que la Mouche.

En effet, tandis que la Mouche ne nous attaque ordinairement que pendant notre réveil, la Puce, plus avide de notre sang, choisit aussi plus particulièrement, pour nous harceler de ses piqûres, le moment où nous sommes sans défense dans notre lit, et où le sommeil et le repos nous sont si nécessaires. Quoiqu'elle nous avertisse de sa présence, et nous indique sur-le-champ l'endroit qu'elle attaque, nous ne réussissons pas davantage à nous en garantir. Elle est si agile et si excellente sauteuse, qu'elle échappe aisément à nos recherches, et se promène impunément sur toute la surface de notre corps. Elle a deux grandes ressources pour éviter nos doigts : de très-bons yeux, et sur-tout, des pattes très-alertes et comme à ressort, qui l'enlèvent et la font disparaître en moins d'un clin d'œil. Car elle n'est point aîlée, et marche même très-peu ; mais elle peut sauter jusqu'à deux cens fois la hauteur de son corps. Certes, il n'y a pas de sauteur qui puisse lui être comparé.

Où peut-elle donc se cacher, pour venir nous piquer au moment où nous y pensons le moins ? Dans les vieux chiffons, dans les balayures, dans la poussière, dans la paille. Elle se niche volontiers dans la fourrure des Chiens, des Chats, des Rats. Elle fait des œufs et se multiplie fort promptement : dans l'été, il en naît tous les mois une armée de jeunes.

La Puce ne laisse pas que de montrer une sorte de friandise dans ses goûts. Elle n'attaque ni les morts ni les mourans ; elle s'attache de préférence à la peau délicate des femmes, des enfans : ce qui ne doit pas faire mieux valoir les Puces. Nous devons aussi être fort aises que le froid, dès l'automne, les fasse périr. Autrement, le seul moyen de nous délivrer de ces petites sang-sues si incommodes, c'est le soin et la propreté.

Pa-nier. Pa-tins. Pê-che. Pom-me. Pom-me-de-ter-re. Pru-ne. Pu-ce-ron. Pou-lain. Prai-riè.

Ne serions-nous pas tentés de demander, pourquoi il existe de ces petits animaux, qui ne semblent nés que pour nous tourmenter?.... Il faut avouer que les Puces ne seraient pas si embarrassées de répondre à notre égard, puisqu'elles pourraient croire que nous ne sommes nés que pour les nourrir de notre sang.

Celui qui a tout fait pour le bien, ou pour le mieux, en donnant à chaque Etre l'existence qui doit lui être propre, lui a donné en même tems les moyens de la conserver et de la défendre, et par là il a voulu tout égaliser. C'est à l'Etre qui a reçu le plus de moyens propres à sa conservation, à les faire valoir. La Puce, outre un bon aiguillon, moins pour se défendre que pour se nourrir, a aussi très-bien le moyen de se sauver. Mais il est bien plus digne de nous de chercher, moins à tuer ces pauvres petits insectes, qu'à les empêcher de naître. Et pour y parvenir, n'avons-nous pas le soin et la propreté? Ne devons-nous pas même rendre graces à la Providence, qui, par-là, veut nous exciter à être plus soignés et plus propres que nous ne le serions, si nous n'avions pas des Puces ou d'autres vermines à craindre?

L'ennemi contre lequel l'Homme devait avoir le moins de moyens de se défendre et de se sauver, ce n'est pas au milieu des animaux, même les plus grands et les plus terribles, qu'il a pu le trouver; c'est (comment le

P

Panier	Patins	Pêche
Pomme	Pomme de Terre	Prunes
Puce	Poulain	Prairie

B.R

croire?) au milieu de ses semblables..... Gardons-nous de nous en prendre à la Providence, si elle n'a nullement cherché à le garantir de l'attaque d'un ennemi qu'elle ne devait pas lui supposer, après l'avoir si bien mis dans la nécessité de se réunir, de vivre en bonne intelligence, en bonne amitié avec lui-même.

Non-seulement, trop comparables à l'animal regardé comme le plus féroce, qu'on nomme Tigre; plus féroces que cet animal, puisque le Tigre respecte les jours de son semblable, les Hommes ont pu parvenir à se détruire ouvertement entr'eux, en face du Ciel et de la Terre, en armant de toutes sortes d'instrumens meurtriers, leur aveugle furie; mais ils sont encore devenus assez lâches, pour mériter d'être comparés à la Puce même. Ils cherchent aussi à se nuire, à s'offenser, lors même qu'ils sont dans l'impuissance de se défendre et qu'ils y pensent le moins; ils cherchent à se détruire entre eux, même dans leur existence morale ou sociale, et contre ce qu'ils doivent avoir de plus cher, contre leur réputation ou leur vertu, ils arment la calomnie, d'un dard plus invisible, plus caché encore que celui de la Puce, et bien autrement dangereux, parce qu'il est envenimé par la méchanceté la plus noire.

Oui, trop semblable à la Puce, la fourbe et perfide calomnie attaque au milieu des ténèbres, dans le sein du repos et de la sécurité; choisit de préférence, pour blesser avec plus de succès, ceux dont la sensibilité est la plus délicate, et mériterait le plus de ménagement; échappe impunément aux recherches de ses victimes; est enfin engendrée par le vice qui indique le plus la malpropreté, la saleté de l'ame, par l'envie.

Telles sont les erreurs trop coupables dans lesquelles

les Hommes ont pu tomber, dès qu'ils ont oublié qu'ils ne sont nés que pour jouir en commun de la même destinée, pour se défendre, s'aider sans cesse les uns les autres, et faire leur bonheur mutuel en fraternisant toujours ensemble.

Si l'on te fait connaître ces erreurs, mon enfant, c'est pour que, autant pour ton bien-être que pour celui de ceux avec qui tu dois vivre, tu saches t'en garantir, t'en préserver à jamais. Que sur-tout, cette si petite, si basse, si lâche envie, qui se tourmente du bien que font les autres, et qui voudrait le changer en mal, qui se nourrit du venin de la calomnie et le distille ou le répand autour d'elle, ne puisse jamais avoir accès dans ton ame! Tu apprécieras, sans doute, le mérite ou le talent, d'après son utilité; tu ambitionneras d'être le plus utile qu'il te sera possible. Et si, parmi tes Concitoyens, ou parmi tous tes autres semblables, il en est qui sont assez heureux pour être plus utiles que toi, tu t'empresseras d'applaudir à leur bonheur: et c'est ainsi que tu parviendras à partager avec eux leur propre jouissance: et c'est ainsi que tu pourras jouir de tout le bien qui sera produit par les autres, comme par toi-même.

Au reste, si la Puce peut servir d'objet de comparaison à un vice bien laid et bien odieux, elle ne mérite pas cependant d'encourir la même haine. Car, comme tu penses bien, ce n'est pas l'envie et la calomnie qui la font agir; ce n'est pas pour nous offenser qu'elle nous pique, c'est pour vivre; et certes, on peut lui ravir, mais non pas lui disputer ce droit. L'histoire même des Puces aurait aussi des faits mémorables à produire. Ainsi, on dit en avoir vu une attelée

P. Q. R. S.

Peroquet
Poire
Poule
Q Quilles
R Rat
Raiſin
Roſe
Roſſignol
S Sauterelle

B.R

attelée à un petit canon d'argent, bien petit, vraiment. Elle le traînait avec intrépidité, sans être nullement allarmée du feu de son artillerie. Sa maîtresse la portait dans une petite boîte veloutée, et la mettait de tems en tems sur son bras pour la nourrir. Mais l'hiver, plus terrible, plus cruel que le canon, vint enlever notre Puce canonnière.

RAT. Nous avons bien trouvé une raison qui peut justifier à notre égard l'existence de la Puce, puisque cet animal doit nous engager à la propreté. Il nous serait assez difficile de justifier de même vis-à-vis de nous, l'existence de ce petit vilain quadrupède, à longue queue; à tête allongée et à museau pointu, aussi gros qu'un jeune Chat, et de poil noirâtre, brun, gris, ou blanc. Mais quel que nuisible, sans nous être nullement utile, que soit le Rat, il suffit qu'il existe, et au milieu de nous, dans nos propres habitations, pour que nous ne puissions nous dispenser de lui donner une place dans le catalogue des animaux qu'il nous importe de connaître.

Les Rats se tiennent, comme on ne sait que trop, dans les maisons; dans les étables, les granges, les caves, les garde-manger, les cuisines, les vaisseaux; où ils mangent le lard, la viande, le suif, la graisse, le beurre, le pain, le fromage. Ils sont encore plus incommodes par le dégât qu'ils peuvent faire, en rongeant les habits, les meubles, les étoffes, le linge, le papier, le cuir, et tout ce qui se trouve sous leur dent vorace; car ils préfèrent encore les choses dures aux plus tendres, bien différens des Puces, à cet égard. Ils doivent aussi être regardés comme des animaux féroces, qui souvent courent comme des enragés, de haut en bas, de bas en haut, dans tous les coins et recoins, même d'une maison dans une autre, perçant portes, cloisons, murailles, et dévorant tout ce qu'ils rencontrent.

Le Rat aime les lieux chauds; il se niche volontiers en hiver, près des cheminées, ou dans le foin et la paille. Il se fait aussi des trous dans les murs, se loge également dans l'épaisseur des planchers, dans les vuides de la charpente, de la boiserie. Il n'en sort rarement que pour aller chercher sa subsistance, et souvent y transporte tout ce qu'il peut y traîner. S'il trouve un tas de bled, il commence à s'en rassasier, ensuite il s'y enfonce à reculons, et peut emporter une assez grande quantité de grains sur son dos. C'est sur-tout lorsqu'il a des petits, qu'il cherche à faire magasin. Et malheureusement pour nous, il multiplie beaucoup, produit plusieurs fois par an, presque toujours en été, et jusqu'à cinq ou six petits en même tems. Leur mère, après leur avoir préparé un lit, ne tarde pas à leur apporter à manger, si elle n'y a pourvu d'avance. Lorsqu'ils commencent à sortir du trou, elle les veille, les défend, et se bat même contre de gros Chats, pour les sauver. Tant il est vrai que la Nature sait toujours nous présenter des traits intéressans, même dans l'animal le plus odieux, lorsqu'elle le place au milieu de sa famille.

Nous dispenserions volontiers les mères des Rats, d'avoir tant de soin de leurs petits: car c'est une race aussi hardie que méchante, et nullement faite pour nous intéresser. Avides même de chair humaine, on a vu des Rats attaquer et ronger des moribonds, des prisonniers, des enfans au berceau. En est-ce assez pour nous les faire détester ? Nous employons bien aussi, pour les détruire, tous les moyens qui sont en notre pouvoir; mais souvent nous ne pouvons y parvenir, avec tous les Chats, tous les pièges, tous les poisons du monde. Cependant, ces animaux ne sont pas encore aussi communs qu'ils pourraient l'être, si la famine, ou les maladies que leur occasionnent la mauvaise qualité des alimens et leur vie sédentaire, c'est-à-dire, sans exercice, ne les faisaient périr, si même, faute de nourriture, après avoir mangé les Souris, ils ne se mangeaient pas les uns les autres.

Oh ! s'il n'y avait de capables de cette barbarie, que les Rats ou d'autres animaux semblables, qui paraissent devoir être aussi peu utiles à eux-mêmes qu'aux autres êtres sur la Terre; ils ne feraient en cela, que remplir les vœux que nous sommes forcés de former à leur égard. Mais pourquoi faut-il que nous ne puissions nous dispenser d'attrister notre ame, par des rapprochemens qu'il nous est impossible d'écarter loin de nous, puisqu'ils tiennent à nous-mêmes? Pourquoi faut-il que des Etres chargés des destinées de ce Monde, et doués, par l'Auteur de la Vie, de toutes les facultés propres à la rendre heureuse pour eux comme pour tout ce qui doit respirer avec eux, aient pu parvenir à se montrer plus coupables et plus barbares que les Rats ? Ces Etres, mon enfant, avec qui nous devons tant craindre d'avoir quelques traits de ressemblance, sont ceux-là même que nous sommes forcés de regarder comme nos semblables.

Oui, les Rats, moins coupables entr'eux, ne cherchent à se détruire que quand la famine les y contraint; et même en se détruisant ils ont bientôt assouvi, avec leur faim, le cruel besoin de leur destruction. Tandis que les Hommes, dont le seul nom aurait dû suffire pour rappeler sans cesse tous les sentimens humains qui leur sont propres, ont porté l'entier oubli de leur nature, ou de leur Humanité, ou d'eux-mêmes, jusqu'à s'entre-détruire, non-seulement sans nécessité, mais contre la nécessité même.

En effet, ils sont si nécessaires les uns aux autres, que ce n'est que par leurs secours mutuels, leurs travaux communs, leur réunion constante, qu'ils doivent satisfaire à leurs besoins comme à leurs devoirs, remplir leur destination, et jouir dès-lors, dans la vie, de tout le bonheur attaché au bien que l'on fait pour les autres comme pour soi. C'est aussi à la suite même de leurs débats et de leur destruction, qu'ils devaient éprouver la disette, la famine, toutes les privations, tous les maux enfin qui se sont emparés de leur existence et les ont rendus les plus malheureux des êtres.

Mais lorsque, par un bienfait même de la Providence, il devait être si pénible de se haïr et de se nuire, de vivre en ennemis, tandis qu'au contraire il serait si doux de s'aimer et de se secourir, de vivre en amis et en frères, comment les Hommes ont-ils pu se laisser entraîner par la haine et la vengeance, au point d'en vouloir à leurs jours, d'être avides de leur mort et de se souiller de leur sang? . . . .

C'est ici, mon enfant, que notre étonnement doit surpasser notre douleur. La haine et la vengeance ont eu encore la moindre part à leurs débats sanguinaires, à leur horrible destruction. Bien plus serviles et bien plus stupides que ces troupeaux conduits à la boucherie, pour être égorgés par une main étrangère, les Hommes se rendent à leur champ de bataille et déploient contr'eux tout ce qu'une rage infernale a pu inventer de plus terrible et de plus destructeur, sans se connaître et sans se haïr !.... Ils servent aussi lâchement qu'aveuglément l'orgueil ou les caprices de quelques êtres encore plus dégradés qu'eux, de quelques rois ou courtisans ; et dans le plus dur esclavage et l'oubli le plus obscur, s'ils échappent à la mort ou aux plus cruelles blessures, ils ne sauraient échapper à la misère, et au mépris même de ceux qui les commandent....

Hâtons-nous d'embrasser un espoir consolateur. Il était réservé à nos Soldats, de combattre pour eux comme pour nous, de défendre la cause commune de la Liberté et de la Patrie, de donner une mort nécessaire et d'en recevoir une honorable. Applaudissons sans cesse à leur vrai courage et au bel exemple qu'ils devaient laisser. Eux seuls sont des Hommes. Les satellites ou les défenseurs des tyrans n'en sont pas. De pareils esclaves, comme leurs maîtres, sont les dernières des brutes. Espérons aussi que les Nations, au lieu de combattre la nôtre, et de se couvrir à-la-fois de calamités et de honte, voudront participer à la même gloire, et leurs Soldats au même triomphe. Ne renfermant plus dans leur sein les ennemis éternels de leur liberté et de leur repos, éclairées sur leurs intérêts comme sur leurs droits, elles ne chercheront plus qu'à se lier entr'elles, à échanger réciproquement les produits de leur terre ou de leur industrie, que le commerce ira répandre également pat-tout. C'est ainsi que peu-à-peu les Hommes reprendront leur nature, l'Humanité son empire, et qu'un jour ce Monde entier n'offrira plus sur son sein; que l'image de l'union et de la paix; de l'abondance et du bonheur.

Ne faudra-t-il pas cependant faire toujours la guerre aux Rats? Mais lorsque les Hommes n'emploieront plus leurs moyens de destruction, que contre les animaux qui ne seront pas dignes de vivre avec eux, la race des Rats pourra bien s'éteindre, avec d'autres qui ne doivent pas davantage mériter nos regrets.

On a ordinairement beaucoup d'aversion pour ces animaux, et leur présence donne lieu à de grandes frayeurs. Est-ce parce qu'on les croit rédoutables? Ils ne peuvent l'être que par leurs dégats ou vis-à-vis de petits animaux comme les Souris. Mais ils ne s'avisent jamais de nous attaquer, pour peu que nous soyons en état de nous défendre. Est-ce parce qu'on les croirait venimeux? Il n'en est rien. Il y a même, dans plusieurs endroits, des gens qui les mangent sans répugnance; en cas de besoin, on pourrait y avoir recours sans avoir rien à craindre. Pour certains Hommes, qu'on regarde, il est vrai, comme des *sauvages*, c'est un ragoût délicieux et qu'ils préfèrent à tout autre. Ne disputons pas sur les goûts; mais si nous pouvons nous permettre de ne pas manger des Rats, il ne nous est pas permis d'en avoir peur, sans montrer une faiblesse qui ne fait pas plus honneur à notre courage qu'à notre raison.

ROSSIGNOL. Après avoir passé par la compagnie des Porcs, des Puces et des Rats, nous devons bien en désirer une autre plus agréable à visiter. Combien serons-nous aises de l'avoir trouvée! et pouvions-nous mieux choisir? Tel est le malheureux, mais juste sort, réservé aux êtres qui n'ont que des qualités vicieuses, malfaisantes et laides à présenter : on les méprise, on les hait, on les fuit sans retour. Tandis que l'on recherche avec empressement, et l'on retrouve toujours avec un nouveau plaisir, ceux qui ont le bonheur de posséder les belles vertus de l'ame, les douces qualités du cœur, et qui savent encore les orner de tout le charme des talens.

A ces traits, nous reconnaissons déjà cet oiseau si intéressant, désigné, par excellence, le *chantre de la Nature*, et qui en est aussi l'élève le plus fidèle dans sa vie entièrement domestique. Son histoire est celle, non-seulement du talent le plus distingué, mais des affections les plus chères, des sentimens les plus précieux, qui l'engagent à avoir, pour sa femelle, toutes les attentions d'un bon époux, et pour sa famille, tous les soins d'un bon père.

Un peu plus long, mais moins gros que le Moineau, et d'une couleur brunâtre, le Rossignol ne brille pas par la beauté de son plumage : à cet égard, il n'a rien que de commun; et c'est une leçon que la sage Nature nous donne. Une décoration extérieure trop recherchée, ne doit annoncer et ne peut flatter que l'être qui n'a, pour se faire valoir, aucune qualité louable qui lui soit propre. Le vrai mérite, qu'accompagnent toujours la modestie et la simplicité, ne cherche à se faire apprécier que par lui-même; il abandonne la vanité de la parure à la frivolité, aussi inconstante que légère, aussi dénuée de sentimens que d'idées.

Le Rossignol est très-sensible au froid. Il se nourrit de vers ou d'insectes, tels que, Araignées, Fourmis, Mouches, etc. Il est naturellement timide; mais faut-il le regarder comme farouche, parce qu'il paraît fuir la société, et ne se plaire que dans des lieux écartés et paisibles ? C'est au pétulant et vagabond Moineau, qui n'aime que lui seul, à ne pouvoir se plaire avec lui-même, et à courir çà et là après le spectacle ou le bruit de nos habitations. Mais le Rossignol a sa sensibilité trop bien dirigée et trop bien occupée, pour avoir besoin de se distraire ou de se fuir, et de se répandre. Il sent trop bien le prix de la Nature, pour ne pas vouloir vivre entièrement au milieu d'elle et avec elle-même.

La femelle est muette ; elle ne pense qu'à remplir les devoirs que l'attachement lui inspire et lui impose en même temps. En bonne mère, elle prépare d'avance le berceau pour sa tendre couvée. Elle n'a pas, comme l'Hirondelle, l'art de gâcher, de détremper la terre et de maçonner son nid. Elle le compose de feuilles sèches, bien arrangées, mais sans liaison ; de sorte qu'il est assez peu solide par lui-même, et qu'il peut tomber aisément. Aussi, pour le mettre à l'abri du danger des chûtes et des ennemis, a-t-elle l'attention de ne pas l'exposer dans un lieu élevé et visible, mais de le placer près de terre et dans des endroits fourrés ou bien couverts, assez ordinairement dans des taillis ou des broussailles. Elle met au jour, chaque année, quatre à cinq petits.

Il n'y a donc que le mâle qui chante ; et s'il l'emporte sur tous les chanteurs aîlés, par la douceur, le brillant et la variété de son ramage, c'est qu'il l'emporte sur eux tous par la vivacité comme par la pureté de ses affections : car ses accens ne sont que le langage de sa sensibilité. C'est aussi pendant le temps de la ponte et de la couvée des petits, qu'il déploie, pour sa compagne, toute la richesse de son gosier mélodieux, ou plutôt toute l'expression de son amitié touchante. Sans négliger de lui apporter régulièrement la becquée, de veiller et de faire la garde autour d'elle, de l'avertir des dangers, il fait tout son possible pour lui adoucir les rudes travaux ou dissiper l'ennui de la couvaison, qui dure quinze grands jours, pendant lesquels la pauvre mère ne sort presque pas un seul instant de dessus ses œufs, enfermée dans le nid obscur et privée des rayons du soleil. Oh! qu'il est doux, sans doute, qu'il est pénible aussi d'être mère! Et que de droits n'a-t-elle pas à la reconnaissance, à la tendresse de ses enfans! Tu es assez près de cette première enfance, mon ami, où tu avais besoin qu'une mère sacrifiât ses jours et ses nuits pour te soigner, et où, toi-même encore insensible à tant de soins, tu ne pouvais les payer par tes caresses. Que cette idée ne s'efface jamais de ton souvenir.

Pendant le jour, le Rossignol chante peu. Il craint de se trahir. D'ailleurs, la journée doit être destinée à des soins plus essentiels. C'est vers le soir, et sur-tout dans le silence de la nuit, qu'il enchaîne ses roulades sans fin, et fait parler les échos des environs. Il semble attendre, avec raison, pour élever sa voix dans les bocages solitaires, que les autres oiseaux enroués à force d'avoir criaillé pendant le jour, se retirent pour chercher le repos. Dès que tout est tranquille, il étale la beauté de sa musique sans art, et ne cesse que lorsque le tumulte est prêt à renaître. Il semble aussi moins profiter du silence des autres animaux, que le leur imposer, et l'on dirait que la Nature entière, dans l'enchantement, craint de l'interrompre et de le troubler. Quel être sensible, conduit dans les lieux voisins de son séjour, n'a pas été réjoui en l'écoutant ?

Comment les forces d'un si petit animal peuvent suffire à des chants si éclatans, si long temps soutenus et si variés ? Tantôt son haleine semble prête à s'éteindre en filant un son enchanteur ; tout-à-coup elle éclate par une brillante cadence, et se perd dans des *piou*, *piou rrrrrr piou*, *piou piou piou*, aussi rapides que nombreux. Tantôt il suspend et coupe son chant, et tout-à-coup, par une liaison inattendue, il en entonne un autre d'un genre tout différent. Tantôt il semble se répéter, et des changemens subits rendent les nouvelles impressions qu'il éprouve, et portent à nos sens de nouveaux plaisirs. Tantôt il hâte son chant et le presse, pour le ralentir bientôt et le traîner affectueusement, le relève ensuite, pour lui faire parcourir successivement tous les tons ou tous les degrés de l'échelle musicale. C'est ainsi qu'en se jouant, il produit tous les sons divers que nous cherchons avec tant de peine et en vain dans la foule de tous nos instrumens.

Mais, pour opérer ces prodiges, il faut avoir un instrument aussi flexible, et sur-tout être animé par le même sentiment. Ce n'est pas lorsque le talent n'est qu'un métier ou un art indifféremment employé parmi des êtres étrangers entr'eux, qu'il doit devenir aussi supérieur et aussi respectable. Qu'il soit de même l'interprête des douces affections qui doivent régner, non-seulement dans notre vie domestique, mais dans la vie sociale qui nous est propre, et sans doute il acquerra parmi nous une bien plus grande supériorité de mérite.

Le Rossignol, il est vrai, ne chante nullement pour

nous. Mais qu'importe, si nous pouvons profiter de l'occasion de l'entendre? Ne la laissons pas échapper. Quiconque a l'ame tant soit peu sensible, se ménage une jouissance bien délicieuse, en se rendant, le soir ou le matin, près de la retraite où notre charmant Musicien fait résonner les airs, pendant les deux ou trois décades que durent ses concerts ravissans. Comme il remplit de sa voix un espace fort étendu, on peut aussi, dans le même lieu, en entendre plus d'un à-la-fois, quoiqu'assez éloignés l'un de l'autre. On jouit alors d'un embarras bien agréable; on ne sait auquel donner la préférence; on ne peut fixer un choix, et décider quel est le plus digne de captiver notre ouïe. On seroit tenté de croire qu'ils se répondent, qu'ils rivalisent ensemble, qu'ils cherchent à se surpasser, qu'ils sont jaloux l'un de l'autre. Ne leur prêtons pas nos propres passions. Chacun d'eux n'est occupé que de l'objet qu'il affectionne. Ils n'attachent de prix qu'à leur affection et non à leur talent, quelque parfait qu'il puisse être; et la jalousie ne peut être le partage que d'un talent aussi médiocre que futile, d'un cœur aussi stérile que vain.

La femelle, quoique muette, n'en mérite pas moins bien notre attention. Si nous devons admirer la constance avec laquelle elle reste sur sa couvée, quel que soit le dédommagement qu'elle trouve dans les soins et les chansons du mâle; ce qui est non moins admirable, c'est la précaution qu'elle prend de retourner de temps en temps les œufs, pour les réchauffer par-tout également. Le moment où les petits doivent éclore est-il arrivé, elle les prévient, ou répond à leurs coups de bec, et pique leurs œufs, pour les aider à en sortir? Sont-ils éclos, que de nouveaux soins ne leur donnent pas le père et la mère ! Ils vont à la quête des vers ou des insectes ; ils en remplissent leur bouche, et viennent distribuer cette manne à leurs nourrissons, avec autant de prudence que d'égalité. Et quelle vigilance encore, sur tout ce qui pourrait nuire à la chère famille !

Dès que les petits sont éclos, le Rossignol cesse de chanter, parce qu'il aime trop son bonheur domestique, (est-il en effet de bonheur plus réel ?) pour quitter sans nécessité sa retraite obscure : car il craindrait trop de l'indiquer par son chant ; et ne voulant exposer que lui seul, il serait obligé de se tenir encore à l'écart. Il cesse de chanter, parce que sa compagne n'a plus besoin d'être soulagée dans ses ennuis, et qu'il peut maintenant partager sans cesse avec elle et auprès d'elle les mêmes soins. Il cesse de chanter, du moins à grande voix, parce qu'il faut veiller, non-seulement à l'entretien et à la conservation des petits, mais à leur éducation.

Oui, mon ami, il n'est rien qu'on ne doive acquérir ou apprendre, si l'on veut le savoir ; et tout dépend de l'éducation, qui est une seconde vie, et la plus essentielle, que les enfans doivent encore recevoir de leurs parens. Et les enfans pourraient-ils ne pas répondre, par la docilité, l'attention et la reconnaissance, aux soins que l'on prend pour les instruire, c'est-à-dire, pour les rendre dignes de vivre ?

Mais quelle peut être l'éducation nécessaire aux oiseaux ? . . . Tu as bien toi-même appris à marcher : eh bien ! ils doivent eux apprendre à voler, ce qui est beaucoup moins aisé, et ce qui peut être d'abord beaucoup plus dangereux, puisqu'ils peuvent tomber de bien plus haut. Il nous est facile aussi de nous donner un spectacle des plus intéressans, en voyant au sommet de nos maisons, les Hirondelles donner à leurs petits, des leçons dont ils doivent faire un si grand usage. Le père et la mère ne se bornent pas à les animer de la voix; pour les enhardir davantage à sortir du nid, et à faire un premier essai de leurs aîles, ils ont l'adresse de ne leur présenter la nourriture que d'un peu loin, et de s'éloigner par degrés, à mesure que les petits s'avancent pour la recevoir; puis ils tentent, mais non sans quelque inquiétude, à les pousser doucement hors du nid, et dès qu'ils sont parvenus à les en tirer, ils se mettent à voltiger devant eux, comme pour les former, par leur exemple, à ce nouvel exercice, et leur offrir un secours toujours sous leurs yeux. Ils accompagnent cela d'accens si expressifs, qu'on s'imagine entendre la leçon des plus affectueux et des plus ingénieux instituteurs.

Sans doute, l'éducation des oiseaux, comme des autres animaux destinés à vivre seuls ou tout au plus dans leur petite famille, ne doit pas être aussi importante, aussi difficile et aussi longue, que celle nécessaire à nous-mêmes, qui sommes destinés à vivre en grande société, au milieu de laquelle nous avons autant de devoirs à remplir que de besoins à satisfaire, et où nous ne saurions parvenir à être heureux, qu'en étant aussi utiles que nous pouvons l'être. Ainsi, il fallait pouvoir nous entendre par une langue commune ou un même langage; et c'est pourquoi il t'a fallu d'abord apprendre à le parler. Et pourrions-nous ne pas profiter, autant qu'il est en nous, de ce beau don de la parole, qui n'a été accordé qu'à nous? Il nous fallait aussi pouvoir nous communiquer, de loin comme de près, les idées ou les affections qui nous sont propres; et c'est pourquoi il te faut maintenant apprendre à lire et à écrire. Ensuite, pour payer aux autres la portion d'utilité que tu retires d'eux, pour n'être pas exposé à mériter le même sort que les Abeilles ouvrières font éprouver aux Bourdons paresseux et inutiles, il te faudra apprendre l'état ou le métier ou l'occupation particulière que tu dois avoir dans la société où tu vis. Tu vois, mon ami, que notre éducation doit s'étendre assez loin : et que ne devons-nous pas aussi à ceux qui nous la donnent!

Les oiseaux, comme les autres animaux en général, n'ayant que très-peu de sensations ou d'affections différentes à exprimer entr'eux, quelques cris ou sons aussi peu nombreux que peu variés, doivent leur suffire pour former le langage qui leur est nécessaire; aussi l'ont-ils bientôt appris.

Le Rossignol, dans l'éducation qu'il doit à ses petits, n'a pas autant de besoin que l'Hirondelle, de leur apprendre à voler. Leur nid est assez bas pour qu'ils puissent d'eux-mêmes, lorsqu'ils en ont la force, faire usage de leurs aîles, sans crainte. Que doit-il donc plus particulièrement leur apprendre? A chanter. Et pourrait-il ne pas trouver en eux des élèves dociles?

Qu'on ne s'imagine plus alors entendre ce grand maître dont le talent est si supérieur. Ce n'est plus qu'un petit écolier lui-même, qu'on peut à peine distinguer de ceux qu'il instruit : tant il sait bien se mettre à leur portée. Et quelle bonne leçon pour ceux qui veulent instruire les autres! Ce ne sont plus que de petits fredons, faibles et comme sans suite. Il ne s'élève que par degrés, à des sons un peu plus soutenus et un peu plus liés. Mais comme la plus solide et la meilleure instruction est celle que l'on acquiert d'après soi-même, il attend bien plus de leurs propres leçons que des siennes, qui sont purement *élémentaires*, c'est-à dire, aussi simples que faciles à répéter ; et après leur avoir montré, par des essais nécessaires ou indispensables, à développer les premiers accens de leurs voix, il laisse à leur culture particulière, et sur-tout au sentiment qui doit les inspirer, le soin de perfectionner, d'achever leur talent.

Pouvons-nous penser, maintenant, que cet être si digne d'intéresser tous les autres, doit avoir des ennemis à craindre ? Pouvons-nous croire que ces ennemis, il doit les trouver, non-seulement dans tous les gros vilains oiseaux de proie, mais dans les Hommes!

Et quel est parmi nous ce cœur assez insensible, assez barbare.... Ah ! il n'est que trop, que trop vraiment, de ces gens qui ne sont sensibles qu'au gain, tout petit, tout cruel qu'il peut être. Ils tendent des pièges à notre oiseau chéri ; et malgré sa prévoyance, ils viennent à bout de l'attirer. Et pourquoi ? Pour le vendre à des riches, qui veulent tout posséder auprès d'eux, et ne savent jouir de rien. Au lieu de quitter leur triste séjour, et d'aller se ranimer sous le berceau de verdure, dans l'asyle champêtre, dont le Rossignol fait son salon de musique, ils aiment mieux l'emprisonner solitairement avec eux, et lui faire endurer la même servitude qui les dégrade, le même ennui qui les consume.

Il est donc vrai que les Hommes, non contens de s'être amassés de quoi vivre, devaient encore aspirer à s'amasser de quoi s'enrichir, et sont parvenus à s'approprier bien au-delà de ce qu'il leur faut pour satisfaire à tous les besoins de la plus longue vie. Il est donc vrai qu'il en est qui peuvent regorger de tout, au milieu de l'abondance de leurs richesses, ou du signe convenu, de métal, ou de papier, qui représente les richesses. Mais ne serait-ce pas pour se réserver la faculté ou la satisfaction de transformer ce qu'ils ont de trop, en bienfaits ou en dons généreux, de faire part de leur superflu, à ceux qui, dans la pauvreté, sont exposés à manquer du nécessaire? ..... Hélas! par la plus déplorable fatalité, le superflu des riches, loin d'être le patrimoine sacré de l'indigence ou de l'Humanité, la source où il leur serait si facile de puiser les plus réelles et les plus douces jouissances, ne sert trop ordinairement qu'à nourrir dans eux la vanité: la vanité! qui ne veut jouir que de ce qu'elle possède exclusivement, c'est-à-dire, sans partage et pour elle seule, et qui est toujours aussi peu satisfaite, aussi dégoûtée de ce qu'elle a, que jalouse et tourmentée de ce qu'elle n'a pas. Ils veulent mettre la Nature à prix, acheter tous ses dons; et la Nature se venge aux dépens de leur bonheur. Entendez seulement leur malheureux Rossignol, qu'ils forcent à chanter toute l'année dans une cage: quelle différence du triste chant de ce captif, aux sublimes accens de l'habitant des bois!

Tu vois, mon ami, que si la pauvreté, qui nous flétrit au milieu des besoins, est bien à craindre, la richesse, qui nous corrompt au milieu des excès, n'est pas plus à desirer. Mais on peut se mettre au-dessus de l'une, par le travail, comme au-dessus de l'autre, par la raison ou plutôt encore par le sentiment, qui nous dit: qu'il n'y a de jouissance, qu'autant qu'elle

est

est partagée ou communiquée, et sur-tout, qu'elle n'est pas aux dépens de celle des autres. Que cette règle soit toujours le guide de notre sensibilité. Plus nous l'étendrons, de nous à notre famille, de notre famille à notre patrie, de notre patrie aux autres sociétés humaines, et par-tout où existent de nos semblables et de nos frères, plus nous nous mettrons d'accord avec nous-mêmes et avec le bonheur qui doit nous être propre. C'est en ayant pu la méconnaître et ne pas la suivre, que les hommes devaient se soumettre à tant de privations, recueillir si peu de jouissances, et qu'ils sont parvenus à se rendre si malheureux; nous ne pouvons aussi nous en écarter par rapport aux autres animaux, qu'autant que la nécessité nous y force. Il n'y a, sans doute, aucune nécessité de réduire à l'esclavage et à la solitude, notre Rossignol; et j'espère que tu aimeras mieux jouir de sa jouissance même, au milieu des chants que la liberté et l'attachement lui commandent.

Tu te garderas bien encore, d'imiter ces enfans, mal élevés, il est vrai, qui se font un plaisir d'aller dénicher les oiseaux, et de porter le trouble, la désolation, dans le sein d'un petit ménage aussi heureux que digne de l'être, au milieu d'une famille entière où résident les premiers sentimens de la Nature, dans toute leur innocence et leur pureté.

Faut-il enfin dénoncer parmi nous, de nouveaux ennemis pires que nos riches et nos enfans mêmes? Disputant de barbarie avec les oiseaux de proie, ils attirent dans des pièges nos Rossignols, pour les engraisser! et ils les engraissent, pour les manger!.... Oh! puissent-ils être condamnés à ne jamais entendre la mélodie de leur voix, à ne jamais connaître l'histoire de leur vie ! ou plutôt, puissent-ils la lire, cette histoire, et avoir assez de honte de leur gourmandise et de leur insensibilité.

SAUTERELLE. Ce nouvel insecte doit son nom, comme il est facile de le juger, à sa démarche, qui se fait beaucoup plus par bonds et par sauts, que de toute autre manière. Il est bien pourvu de six pattes; mais les deux dernières étant et plus longues et plus fortes, lui servent particulièrement à se soutenir et à s'élancer, ainsi que fait, plus en petit, la Puce.

Les actions des animaux sont toujours soumises à leur conformation naturelle, et nous n'aurions aucune raison d'exiger qu'ils agissent autrement. Nous n'en dirons pas de même à l'égard des Hommes.

Tandis que la Nature les a conformés pour annoncer, même par leur démarche rassurée sur la terre, la raison ou la sagesse qui doit les conduire, et leur a imposé tant de devoirs utiles qui devraient occuper tous leurs instans, il en est parmi eux qui n'ont d'autre état ou d'autre existence, que de faire ce qu'ils appèlent des *sauts périlleux*, et qui s'exposent sans cesse, et sans aucune utilité, à se casser le cou, pour gagner de quoi vivre. Quel est celui qui avilit le plus la dignité humaine, et qui est le plus blâmable ? Est-ce celui qui donne un pareil spectacle, ou celui qui peut s'en amuser ? Avouons que l'un et l'autre méritent de partager le même blâme.

La Sauterelle a de plus quatre bonnes aîles, dont elle peut faire usage : les supérieures sont plus renforcées que les inférieures, qui, dans le repos, sont pliées en éventail. Du reste, cet animal, avec son espèce de capuchon, ses deux longues cornes, son museau allongé, sa bouche écailleuse, enfin, sa tête qui ressemble à celle d'un Cheval, ne présente pas une figure agréable ; et on peut croire d'avance que son histoire ne doit guère ressembler à celle du Rossignol. Il y a cependant quelque chose de rapproché entr'eux : c'est que les Sauterelles ont aussi leur chant ; et de même, il n'y a que les mâles qui chantent.

Peut-on toutefois donner le nom de chant à un simple son, assez perçant, il est vrai, et qu'on entend d'assez loin, mais qui est si peu varié ? Ce son, aussi, ne part pas du gosier, comme dans le Rossignol ; car on ne connaît aucun insecte qui ait de la voix proprement dite, ou qui puisse faire sortir des sons par la bouche. La raison en est, que la voix n'est produite que par l'air qui a été respiré et qui s'échappe du gosier avec plus ou moins de contrainte. Or, les insectes ne respirant pas, comme nous, ou comme le Rossignol, par la bouche ou par d'autres conduits tout près, mais par de très-petites ouvertures, placées aux côtés de leur corps, n'ont point d'air ou de souffle à rendre et à presser dans un gosier. Comment donc est produit le chant de la Sauterelle mâle ? Par le frottement des deux premières aîles l'une contre l'autre, près de leur attache : ce frottement, assez vif, fait résonner en-dessous une membrane ou peau mince, tendue comme celle d'un tambour, en forme de plaque ronde, transparente et comme vîtrée. C'est ainsi que la Cigale, dont nous avons eu occasion de parler dans l'histoire de la Fourmi, a l'organe du chant, placé sous le ventre, et le mâle est le seul encore qui en soit doüé.

Serait-ce néanmoins, comme dans le Rossignol, pour charmer les ennuis de leur compagne, que les Sauterelles et les Cigales mâles font entendre leur chant? Il n'y a point d'apparence; mais on peut présumer que c'est au moins pour l'appeler. Car quel être veut vivre seul, que celui dont le caractère est aussi triste que malfaisant? Et n'est-il pas repoussé par la Nature, dans les antres ou les déserts solitaires et sauvages? Nous avons vu l'Araignée vivre entièrement seule, et ne vouloir pas même souffrir une compagne auprès d'elle. Aussi vit-elle presque toujours cachée dans son trou, craint de se montrer, et n'est recommandable que par son industrie et l'utilité que nous pouvons en retirer, plutôt que par ses mœurs, qui sont assez féroces. Mais puisque le même genre de vie est commun à toutes les Araignées, et que chacune peut se suffire à elle seule, faut-il bien qu'elles obéissent à leur naturel, et que nous les supportions telles qu'elles sont. En serait-il de même envers les Hommes? .... Hélas! Tandis que la Nature les a si bien appelés à vivre par-tout en société, non-seulement avec eux-mêmes, mais avec les autres animaux qui peuvent leur être de quelque utilité ou de quelque agrément, comment croire qu'il en est parmi eux qui pensent faire un acte méritoire devant le Ciel et la Terre, se rendre *recommandables à Dieu*, en se vouant entièrement à la solitude et à la plus stérile oisiveté?.... Combien l'Araignée est plus recommandable!

Mon enfant, lors que tu entendras parler d'un DIEU, n'oublie pas qu'il ne peut y avoir d'autre DIEU, que celui qui est l'Auteur de la Nature, dont l'existence embrasse de même et tout ce que la Terre et tout ce que le Ciel renferment. Ainsi, ne pas suivre les inspirations de la Nature, ne pas obéir à sa voix, c'est se rendre coupable envers son Auteur comme envers elle-même, c'est mériter la disgrace du Ciel comme de la Terre.

Les mâles des Sauterelles ne chantent aussi qu'au coucher du soleil, ou quelquefois lorsqu'il se couvre pendant le jour. L'été, ils ne cessent de chanter toute la nuit. Assez peureux, ils suspendent leur chant, dès qu'on les approche.

Vers la fin de l'automne, les femelles déposent leurs œufs en bon nombre dans la terre. Elles la creusent avec une espèce de couteau à deux lames, appliquées ensemble, dont elles sont armées à leur partie postèrieure, et qu'elles font jouer l'une contre l'autre. Les œufs glissent entre les lames, et sont ainsi confiés à la terre, creusée en forme de tuyau. Après avoir satisfait aux vœux de la Nature, les mères cessent de vivre : le même sort arrive aux mâles.

Les œufs éclosent au milieu du printems; il en sort de petits vers, successivement blanchâtres, noirs et roussâtres. Bientôt ils subissent un changement de forme; ils se montrent en jeunes *nymphes*, semblables à leur mère, aux aîles près, qui leur manquent. Du reste, elles sont actives et sautantes, et diffèrent en cela de la plupart des autres insectes, qui, dans ce second état, perdent le mouvement, la faculté de manger, et même le sentiment. Au bout de vingt-quatre jours environ, ces nymphes s'attachent à quelque brin d'herbe; leur tête se gonfle; la peau qui les enve-

BIBLIOTHEQUE ROYALE

loppait, se déchire; la Sauterelle sort sous sa dernière forme, c'est-à-dire, avec ses aîles. Encore tendre et délicate, elle peut à peine soutenir les impressions de l'air; elle se laisse tomber à terre; bientôt après elle se ranime; ses aîles se dessèchent, se déploient; elle se met à bondir, à sauter, à prendre son vol. C'est alors qu'elle peut devenir assez formidable, pour avoir fait époque dans le souvenir et même dans l'histoire des Hommes, qui n'est marquée que par de grands ravages.

Dans nos pays tempérés, et moins encore dans les pays plus froids, les Sauterelles, d'ailleurs assez querelleuses entr'elles, et assez peu dignes de notre affection, ne sont ni fort multipliées, ni fort nuisibles. Mais dans des contrées plus chaudes, elles sont quelquefois si nombreuses, qu'elles se rassemblent comme des armées, s'élèvent dans l'air comme de grosses nuées noires, et couvrent les campagnes où elles s'arrêtent, jusques par-dessus la hauteur d'un enfant. Ce qu'il y a vraiment de terrible, c'est qu'avec leurs deux mâchoires bien dentées, et assez fortes pour percer même la peau de notre main, elles dévorent tout ce qui s'appèle herbe, ou plante, ou grain, laissent la terre entièrement dépouillée de moissons et de fruits, de sorte qu'elles peuvent occasionner de cruelles famines. Ce n'est pas tout encore: leurs cadavres, quand elles viennent à périr, ou par la pluie, ou faute de nourriture, ou autrement, exhalent une puanteur insupportable, infectent l'air, et engendrent des maladies pestilentielles. Aussi ces insectes ont-ils été regardés comme *un fléau de Dieu, une plaie divine, une punition céleste*....

Il est donc vrai que les Hommes ont pu s'élever à l'idée d'un DIEU, c'est-à-dire, d'un ETRE nécessairement tout intelligent, tout puissant et tout bon, et qu'ils n'ont pas rougi de lui prêter le même esprit de colère, de haine et de vengeance qui les anime, les mêmes passions qui les aveuglent, les tourmentent et les dégradent ! Il est donc vrai, qu'au lieu de ne voir dans cet ETRE, tout immense, tout universel, tout infini, que le PERE COMMUN, non-seulement de tous les Hommes qui peuplent la famille humaine, non-seulement encore de tous les autres êtres qui peuplent cette Terre entière, mais de toutes les autres Terres ou de tous les autres Mondes qui peuplent toute la vaste étendue, toute l'immensité des Cieux, ils ont pu se le représenter comme un génie malfaisant, occupé à conduire une armée de Sauterelles, pour ravager telle ou telle autre portion de notre Terre, pour punir telle ou telle autre portion de notre Humanité !

Oui, mon ami, un jour tu sauras que cette Terre s'étend bien au-delà, bien au-delà des lieux qui t'ont vu naître, de ta Patrie entière, et de tous les autres grands pays qui environnent ta grande Patrie. Tu sauras que par-delà et par-delà tous ces autres pays, elle s'étend encore bien loin, bien loin, sur de nouvelles terres, sous de nouvelles eaux, et que par-tout elle est habitée par bien d'autres et bien d'autres Etres que ceux qui vivent auprès de toi. Eh bien ! cette même Terre, par-tout si grande et par-tout si grandement peuplée, n'occupe qu'un bien petit point dans ce qu'on appèle l'espace céleste, et considérée dans ce grand domaine de la Nature, est comme un grain de blé dans un grenier bien rempli, ou plutôt, comme un grain de sable sur les bords de la mer.

Tu sauras que notre Terre ou notre Monde existe au milieu de bien d'autres Mondes, même plus grands encore et plus grandement peuplés, qui tous ensemble forment une nombreuse famille, rangée autour de leur père commun, de ce brillant flambeau du jour, de ce beau Soleil qui nous éclaire.

Déjà il nous suffirait de nous arrêter devant cette source immense de lumière, de chaleur et de vie, pour parcourir et embrasser avec elle d'énormes et d'énormes distances, pour prendre de la DIVINITÉ, une image aussi profonde que resplendissante. Mais tu sauras, qu'avant de parvenir à l'image d'un DIEU, il nous faut franchir tant et tant de ces Etoiles qui brillent sur nos têtes, c'est-à-dire, de nouveaux Soleils éclairant et animant chacun de même une nouvelle famille de Mondes, il nous faut franchir tant et tant de Cieux divers, par-delà lesquels l'ETRE des Etres s'étend toujours encore, que nous ne pouvons que nous perdre dans l'immensité de son existence.

Oh! mon ami, comment les Hommes ont-ils pu penser à appeler plus particulièrement sur ce Monde, la présence d'un DIEU, pour le rendre témoin de tant de crimes horribles qu'ils y ont commis, et souvent même en son nom? N'ont-ils pas été, et ne sont-ils pas encore, eux-mêmes et contre eux-mêmes, un bien plus grand fléau que les Sauterelles, et le plus grand de tous les fléaux? N'ont-ils pas sans cesse, et sur tous leurs pas, provoqué la famine par la guerre, la peste, par la famine, et par leur discorde et leur méchanceté, toutes les calamités qui devaient s'appesantir sur eux? Et enfin, s'ils se trouvent si malheureux, n'est-ce pas parce qu'ils sont devenus si méchans?.... Oui, un DIEU ne peut que vouloir le bien de tous, excepté de ceux qui veulent et font le mal; et c'est aussi par eux-mêmes, et non par lui, que les méchans sont punis. Ce n'est donc pas dans un rassemblement, quelque considérable qu'il soit, d'insectes naturellement déstinés à multiplier beaucoup, quand rien ne s'oppose à leur multiplication; ce n'est pas dans le ravage qu'ils font des plantes ou fruits naturellement destinés à leur servir de nourriture; ce n'est pas davantage dans le sein d'un nuage épais qui produit le bruit du tonnerre et l'éclat de la foudre, effet aussi naturel que le bruit et l'éclat d'une arme à poudre ou à feu, que nous devons chercher une colère, une vengeance, une punition céleste qui n'y est pas; mais c'est à la suite de nos propres actions, que nous devons trouver, quand elles ne sont pas conformes à l'ordre naturel ou à la volonté divine, une punition aussi juste qu'inévitable.

Nous voyons, il est vrai, tous les hommes participer plus ou moins à la même punition, quoiqu'ils n'aient pas tous participé au mal. Mais un DIEU veut par-là même leur apprendre, que leur sort est indivisible, qu'ils sont tous les uns des autres également responsables de leur conduite, et que nul d'entr'eux ne doit être innocent, dès qu'un seul est coupable. Pouvaient-ils être liés par des chaînes plus fortes, puisque leur bonté, leur puissance et leur bonheur tiennent essentiellement à leur union même? Et cependant, ils ont tellement méconnu ou ignoré leur propre nature, qu'ils n'ont cherché qu'à s'isoler, qu'à se diviser entr'eux, qu'à briser de toutes parts les liens de l'Humanité entière.

O mon ami, tu sauras que notre Espèce humaine, à laquelle sans doute tu dois appartenir comme moi et comme tous nos semblables, s'est trouvée par-tout séparée d'elle-même sur la Terre, non-seulement par des sociétés diverses, toutes aussi jalouses de se détruire entr'elles, pour s'élever sur leur ruine, mais, dans chaque société, par des divisions encore plus funestes. Des distinctions, des rangs, des titres, tous aussi vains, aussi étrangers au vrai mérite, ont mis, dans l'opinion des mêmes associés, autant de différence que s'ils avaient appartenu aux espèces les plus éloignées, ou aux animaux que nous avons vu les plus dissemblables entr'eux, tels que le Dindon, l'Ecrevisse, le Rat. Egalement insatiables dans leurs vœux insensés, celui-ci veut posséder pour lui seul toute la puissance, celui-là toute la considération, cet autre toute la richesse. Chaque société ressemble à une échelle. Chacun mécontent de son échelon, se nourrit autant de jalousie pour celui qui est à l'échelon supérieur, que de mépris pour celui qui est à l'échelon inférieur. On n'aspire qu'à se renverser, qu'à dominer les uns sur les autres, et on ne craint pas d'être foulé soi-même, pourvu que l'on foule à son tour. Les plus audacieux, les plus intrigans ou les plus fripons devaient parvenir aux échelons les plus hauts, et livrer la domination suprême, pour avoir plus beau jeu, à un seul, et au plus stupide de tous. Chaque société, enfin, ne renfermant que des oppresseurs ou des opprimés, que des êtres également affaiblis, aigris et malheureux par leurs divisions, devait être regardée elle-même par les plus sensés, comme un fléau. Mais ce fléau doit-il être regardé comme l'ouvrage d'un DIEU ? Non, c'est l'ouvrage entier des Hommes, qui n'ont pas su se connaître et s'apprécier par eux-mêmes.

Le véritable ouvrage d'un DIEU ne doit encore exister pour nous, que dans la céleste société des Mondes, qui, quoique tous animés d'une vie différente, vivent tous également en paix et dans la même harmonie universelle.

Mais un DIEU a voulu qu'il n'y eût que l'ordre, qui pût être éternellement constant dans lui-même : et le désordre doit parvenir tôt ou tard à se détruire par ses propres excès. Quand les maux sont de toutes parts à leur comble, c'est alors que le bien doit nécessairement commencer. C'est ainsi que nous devions arriver à la grande et mémorable époque de notre Révolution.

Hélas ! il est trop vrai, elle devait accroître encore dans son cours les maux qui l'ont provoquée. Elle devait soulever et armer contre elle toutes les erreurs de la superstition et toutes les chimères de la vanité, tous les vices de l'esclavage et tous les crimes de la tyrannie ..... Mais surmontant tous les obstacles et tous les fléaux accumulés sur elle, elle devait, après nous avoir arraché au néant de la servitude, nous arracher encore au cahos de l'anarchie, développer de plus en plus ce penchant si naturel de la Liberté et de l'Egalité communes, créer enfin une République, c'est-à-dire, un gouvernement fondé, comme elles, sur les premiers principes de la raison et les premiers sentimens du cœur.

Tu vois, mon ami, combien les Hommes sont tous

Sa-bre. Ser-pent. Ser-pe. Scie. Sif-flet. So-leil. Sin-ge. Sca-ra-bée. Sou-ris.

également intéressés à s'unir et à s'éclairer entr'eux; et combien sont aveugles et coupables envers eux-mêmes, ceux qui cherchent à rompre les premiers efforts de leur union, ou à étouffer les premiers traits de leur lumière. Tu auras de la peine à croire qu'ils aient pu exister, ces êtres assez malheureux, pour ne pouvoir se résoudre à aimer leurs semblables, à vivre avec des frères, assez peu éclairés, pour ne vouloir ni être heureux avec les autres, ni que les autres soient heureux avec eux.

Mais nous avons été trop bien instruits par l'expérience du mal et du malheur, les lumières sont trop bien répandues parmi nous, pour que nous ayons à craindre de retomber dans les mêmes gouffres dévorans, dans les mêmes abymes ténébreux où nous avait plongés l'ignorance entière de nous-mêmes. Oui sans doute, elle fera toujours de nouveaux progrès, parmi nous, cette Liberté bienfaisante, qui n'est en effet que l'union des volontés, l'accord des sentimens, et l'amour même. C'est l'union des volontés dans une volonté générale, qui devient Loi, et qui nous impose l'obligation de lui être fidèles comme à notre volonté propre : c'est l'accord des sentimens, dans un sentiment étendu, qui devient AMOUR DE LA PATRIE, et qui nous lie aux mêmes droits, aux mêmes devoirs, et à la même destinée sociale de tous ceux qui vivent avec nous dans cette même Patrie.

Tu t'applaudiras donc, mon enfant, d'être venu assez tard sur la Terre, pour jouir des premiers rayons du beau jour qui doit luire désormais sur elle. Tu t'applaudiras d'avoir une Patrie, et de pouvoir t'honorer de son nom. Tu t'applaudiras d'appartenir à une Société qui, s'étant mise elle-même toute entière sous le niveau et la seule autorité de la Loi, a mis également

S.

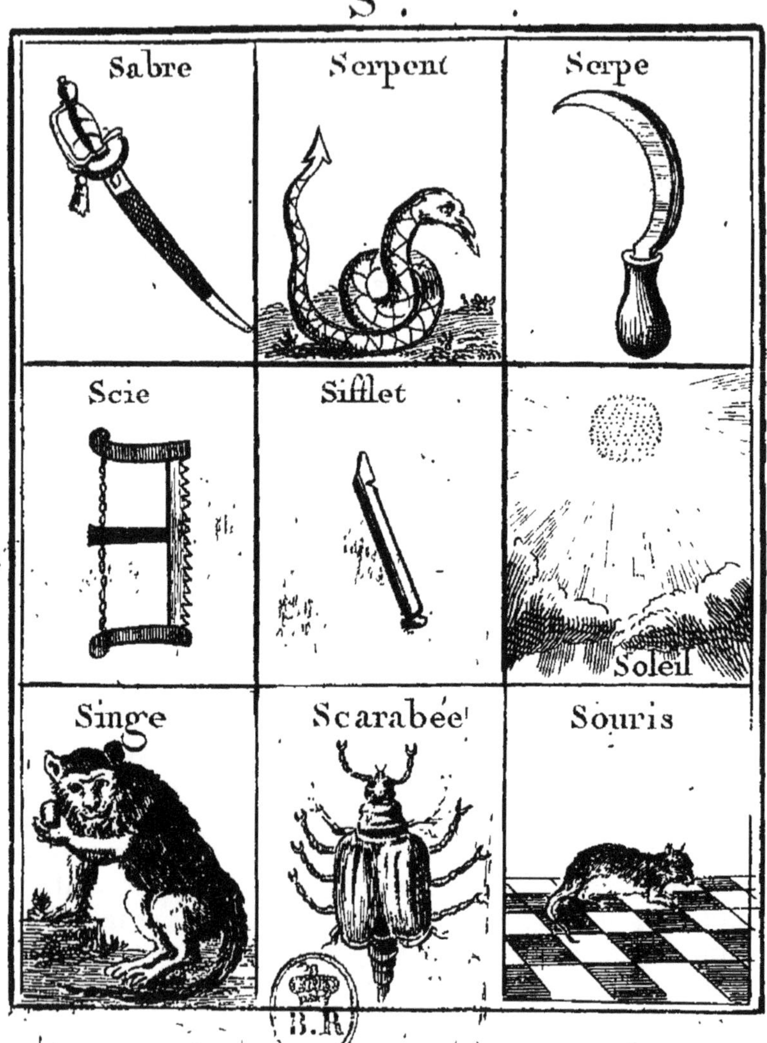

B.R

tous les membres qui la composent, à même d'être utiles les uns aux autres, sans pouvoir se nuire impunément entr'eux ; à une Société, qui, d'accord avec son institution, ne peut que préparer de plus en plus, par l'exemple de sa prospérité croissante, les traces glorieuses sur lesquelles toutes les autres Sociétés s'empresseront à l'envi de marcher. C'est alors que la paix, la douce paix, ayant solidement établi son règne salutaire entr'elles, les engagera sans cesse par de nouveaux bienfaits, à resserrer de plus en plus les liens de leur fraternité nouvelle, jusqu'à ce qu'elles soient toutes ensemble indistinctement fondues dans la grande FAMILLE HUMAINE.

Pourrais-tu, mon petit ami, ne pas chérir un espoir aussi consolateur, en nourrir sans cesse ton ame ? Et que faut-il, pour qu'il se réalise promptement auprès de nous, ainsi que loin de nous ? S'aimer soi-même, et être assez éclairé sur l'amour de soi, pour fermer constamment son cœur aux sentimens jaloux, haineux, vindicatifs, qui ne sont propres qu'à nous tourmenter, et ne l'ouvrir qu'aux sentimens affectueux, généreux et bons, les seuls propres à nous rendre heureux. Il ne faut qu'aimer à être aimé, comme à aimer soi-même. Est-il rien de plus naturel et de plus satisfaisant ? Ne l'éprouves-tu pas à chaque instant au milieu de ta famille ? Et pourrais-tu ne pas desirer de l'éprouver de même au milieu de tous ceux avec qui tu dois vivre ? Et tous ceux avec qui tu dois vivre, pourraient-ils aussi ne pas le desirer comme toi ?

Ainsi, tu te plais, sans doute, à te mêler aux jeux des jeunes camarades de ton âge. Eh bien ! lorsque vous êtes tous d'une même volonté et dans un bon accord, combien ne jouissez-vous pas du plaisir d'être ensemble ! Plus vous êtes nombreux, plus le plaisir est grand, et s'accroît du plaisir de tous ceux qui le partagent. Mais si quelque dispute vient semer la brouillerie et la division : oh ! comme soudain tout est changé ! l'aimable et riante gaieté a fait place à l'humeur triste ; le chagrin et l'ennui accompagnent votre solitude, et de pénibles regrets se réveillent sans cesse au souvenir de vos amusemens.

Vous voudriez bien avoir fait la paix et continuer de vous amuser de même ensemble. Il ne dépendait que de vous ; et une autre fois, que le plus sage se montre, et dise : « Point, point de dispute entre nous, mes » bons amis. Aimons-nous bien, et soyons toujours » bien unis, si nous voulons être toujours bien contens. » Serait-ce la différence de goût pour tel ou tel autre » jeu, qui pourrait nous diviser ? Tous les jeux ne » doivent-ils pas également nous convenir, pourvu » qu'ils amusent ? Mais pour assurer l'ordre et mieux » nous accorder, que chacun de nous annonce le jeu » qu'il préfère ; que la majorité ou le plus grand nombre » décide, et après cela, que tous les autres ne pensent » plus qu'à prendre part de bon cœur au même jeu ».

Croyons que les Hommes, qui jusqu'à présent n'ont été que des enfans mal élevés ou mal instruits, sont prêts à reconnaître la voix de leur raison, et à parler entr'eux le même langage, à revenir de leur brouillerie et de leurs écarts, à marcher enfin dans la véritable voie de leur salut. Et quand ils seront parvenus à être également unis et à s'entendre par-tout de même, à mettre réellement en commun leur volonté et leur puissance ; comme ils seront devenus en même tems libres et heureux ! Comme ils seront à l'abri de tout mal, de tout danger et de toute crainte ! Quel ennemi ou quel fléau auraient-ils à redouter encore ? Le plus grand des fléaux, d'où naissent tous les autres, l'inimitié est à jamais bannie de leur cœur. Qu'une armée de Sauterelles, ou un nuage de grêle, vienne tomber sur quelques champs et en ravager les moissons ; les autres champs n'offriront-ils pas de toutes parts des asiles toujours ouverts à l'amitié, et leurs moissons, des ressources toujours assurées contre la famine ?

Mais, en vivant en paix avec eux-mêmes, les Hommes ne font que se mettre de pair avec tous les autres animaux, qui savent au moins respecter leurs semblables, s'ils ne les chérissent pas ; tout comme, en vivant dans la même union, et en mettant en commun leur propre destinée, ils ne sont encore parvenus qu'au point où se trouvent bien d'autres animaux, ne fût-ce que nos Abeilles, nos Fourmis, ou même nos Chenilles. Et à quoi leur servirait d'en être distingués par des facultés si supérieures, par la première de toutes, la RAISON, s'ils n'étaient appelés à s'élever bien plus haut, à jouer un rôle bien plus important sur la Terre ? Et par-là même qu'ils ont tant abusé de ces facultés, n'ont-ils pas prouvé qu'ils peuvent autant pour le bien, en s'éclairant de leur raison et en se réunissant, qu'ils ont pu pour le mal, en la méconnaissant et en se divisant entr'eux ?

Oui, mon ami, et n'oublie point cette grande vérité : les rapports ou les liens des Hommes s'étendent bien au-delà de leur propre existence, puisqu'ils doivent embrasser l'existence de tous les autres Etres que ce Monde renferme. Quel puissant motif encore de concorde et d'union entr'eux, puisque ce n'est qu'en associant de même leurs lumières et leurs efforts, qu'ils doivent parvenir à remplir leur destination entière, et à représenter ici-bas une nouvelle Providence, à se rendre dignes d'être à-la-fois les interprètes et les exécuteurs de la Volonté divine, à faire régner sur toutes leurs traces le même ordre naturel et la même harmonie céleste qui règne au-dessus de leur tête ; à mettre enfin la Terre d'accord avec les Cieux.

C'est alors que tous ces animaux qui, par leur trop grande multiplication ou par eux-mêmes, peuvent inspirer l'effroi et devenir funestes, disparaîtront, ou seront réduits de manière à n'être nullement dangereux. Et déjà même nous n'ignorons pas les moyens de nous garantir du ravage des Sauterelles, en les détruisant avant qu'elles soient en état de nuire. Ainsi, il y a près de deux siècles, ou de deux cents ans.... Voilà sans doute bien du tems écoulé avant nous. Mais ce Monde est bien plus âgé, et bien plus âgé encore ; et deux cents ans sont un bien petit instant pour lui.... Il y a près de deux siècles que, par extraordinaire, nos Départemens les plus chauds, appelés méridionaux, furent exposés à être visités par d'innombrables troupes de Sauterelles qui avaient traversé la mer : on sut se préserver de leur postérité, en détruisant leurs œufs.

On en ramassa des tas et des tas, qui auraient donné une quantité effroyable de ces insectes.

Les GRILLONS, ou CRICRI ou GRIGRI, pourvus également d'une longue paire de pattes pour sauter, et dont les mâles sont aussi des chanteurs à leur manière, ressemblent trop aux Sauterelles, pour ne pas les regarder comme de la famille. Ils sont distingués en Grillons sauvages ou champêtres, et en Grillons domestiques. On serait tenté de croire que ceux qui vivent dans les champs jouissent bien mieux de la Nature, et sont bien plus heureux que ceux qui s'enferment dans nos maisons.

Ceux-ci se tiennent dans les endroits chauds, comme les trous des fours, des foyers, des cuisines, et se nourrissent de tout ce qu'ils peuvent trouver de bon à leur goût, comme miettes de pain, farine, graisse, grains ou fruits. Le chant des mâles, ou ce son si monotone qu'ils font entendre le soir et qui n'est pas sans quelque intérêt pour eux, ne peut que nous paraître triste, et d'accord avec la mélancolie qu'ils devraient contracter dans les lieux sombres où ils vivent. Mais les bonnes gens, qui n'ont pas eu l'avantage d'être instruites comme toi dans leur enfance, ne laissent pas que de s'en réjouir, parce qu'elles pensent que ce chant porte bonheur. Il est vrai qne leur joie se change bientôt en tristesse, quand les Grillons chantent d'une manière plus lente : c'est l'annonce, selon elles, qu'il doit mourir quelqu'un dans la maison.

Maintenant que dans notre chère République, l'instruction sera mise à la portée de chacun, et que chacun sentira le besoin d'en profiter; l'ignorance, mère de toutes les erreurs, comme de tous les vices et de tous les maux, sera repoussée dans les contrées malheureuses, où elle couvre encore de ses ténèbres la superstition et l'esclavage qui l'entretiennent, et nous n'aurons plus à rougir de voir parmi nous nos semblables faire dépendre leur joie et leur tristesse, du chant des Grillons.

Au reste, ces insectes, de couleur brune et assez peu agréables à la vue, sont aussi difficiles à attraper

qu'à

TVUY

Taureau
Taupe
Tour
Vigne
Vache
Volant
Vieillard
U
Urne
Y
Yeux

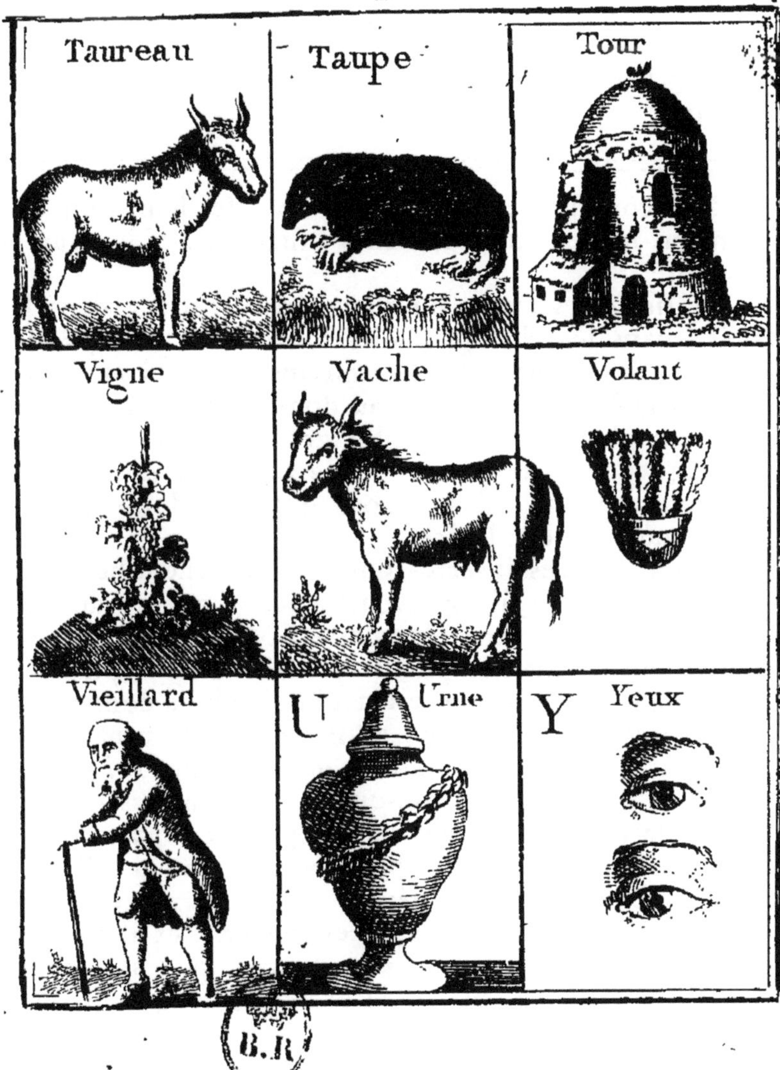

B.R

Tau-reau. Tau-pe. Tour. Va-che. Vi-gne. Vieillard. Vo-lant. Ur-ne. Yeux.

---

qu'à découvrir ; car ils ne sortent de leur trou que pendant la nuit, pour chercher à manger, et ils courent très-vîte.

Le Grillon sauvage ou champêtre se tient dans les prés, dans les champs, où il trouve à manger des racines, des graines, des fourmis mêmes, qui sont assez de son goût. Il ressemble au domestique, si ce n'est qu'il est plus noirâtre et plus gros. Il jette avec une certaine grace ses pattes de derrière, il rue comme un petit Cheval ; il ne mord que quand on l'irrite, et sa morsure est légère.

Parmi d'autres insectes qui se rapprochent beaucoup de la Sauterelle, il en est un encore qui ne doit pas être oublié. Son véritable nom est Mante. Il en a reçu divers autres ; mais le plus respectable, ou le plus profane, ou le plus ridicule, est celui qu'on lui a donné dans nos départemens du Midi, où il est appelé en patois ou langage du pays, *Prégo-Diou*, qui veut dire *Prie-Dieu* : parce qu'il est souvent presque debout sur ses grandes pattes de derrière, tandis qu'il replie et rapproche les deux de devant, qui sont plus courtes ; ce qui a l'air de ressembler à l'attitude dévote qu'on a cru nécessaire pour la prière. Le fait est cependant, et il ne faut pas être bien instruit pour s'en douter, qu'il sait mieux employer son tems, puisqu'il s'occupe à ce qui intéresse vraiment le soin de sa vie.

En effet, il ne marche presque que sur ses pattes de derrière, et pendant ce tems-là, il travaille des deux autres pour attraper les Mouches ou Moucherons dont il se nourrit. Ce jeu de bras n'a pas été perdu pour l'imbécille ignorance : on a cru que la Mante, en étendant le bras, montrait le bon chemin, et ainsi on en a fait un insecte religieux et sacré, qui méritait nos égards et nos respets.

A ce récit, mon enfant, tu pourrais être tenté de rire; mais cela doit cesser d'être risible, quand tu sauras que les souvenirs les plus déplorables, les plus honteux pour notre Espèce, et dès-lors pour nous-mêmes, sont attachés à de pareils objets; quand tu sauras que sous le prétexte de religion, ou de culte, d'hommage, de prière à adresser à l'ÊTRE-SUPRÊME, la raison humaine a été ensevelie, par la superstition, sous les rêves les plus absurdes, et le cœur humain, par le fanatisme, sous les dissentions les plus funestes: comme s'il pouvait y avoir, pour les Hommes, d'autre religion que celle de l'Humanité, d'autre culte que celui de la bienfaisance, d'autre manière de prier un DIEU ou de l'intéresser à nous, que de faire de bonnes œuvres, et de bonnes œuvres, que celles qui font du bien aux autres.

Oh! combien n'avons-nous pas à gémir ensemble, en voyant le sort du Genre-humain, qui devait trouver dans ses propres enfans, ses pires ennemis! Et faut-il placer parmi les ennemis du Genre-humain, ceux-là même qui se sont annoncés comme les *Ministres d'un Dieu?....* Hélas! il n'est que trop vrai: ils n'ont été que les ministres de l'orgueil pour dominer, ou de l'avarice pour s'enrichir, de la vanité pour vivre dans le luxe, ou de la paresse pour vivre dans l'oisiveté. Et c'est pour satisfaire d'aussi tristes penchans, qu'ils n'ont pas craint de jouer le rôle le plus odieux, celui d'imposteur et d'hypocrite, qu'ils n'ont pas craint d'associer le Ciel à leur imposture, et la Divinité à leurs vengeances.

Nous devons bien nous féliciter l'un et l'autre, mon ami, d'avoir échappé à la superstitieuse erreur, et de pouvoir faire usage de notre raison. Cette raison nous dit, que nous devons trouver dans elle-même le seul juge de nos opinions; dans notre conscience, la seule règle de nos devoirs; dans l'Homme de bien, le seul digne ministre d'un DIEU; et dans le cœur de l'Homme de bien, le seul temple où la DIVINITÉ se plaît à résider. Comment dès-lors n'être pas jaloux de remplir ce ministère par soi-même, et pouvoir consentir à le céder à un autre?.... Eh! puisqu'on avait pu prêter à la Mante la même posture et les mêmes actes auxquels la dévotion religieuse devait être si attachée, autant valait-il aussi charger notre *Prie-Dieu insecte*, de ce soin, pour le compte des autres comme pour le sien, plutôt que de bien grassement payer d'autres *Prie-Dieu* nommés *Prêtres*, qu'on devait rendre, par-là même, aussi inutiles que dangereux....

Nous penserons, nous, que si l'Homme a reçu cette belle attitude qui le distingue de tous les autres êtres, par laquelle son front doit s'élever vers les Cieux, et ses yeux s'élancer dans l'Univers, ce n'est pas pour la dégrader devant CELUI qui la lui a donnée, ce n'est pas pour s'accroupir sur ses genoux et prosterner sa face contre terre, ce n'est pas pour prendre la même posture que les trop coupables tyrans ont imposée à leurs trop vils esclaves. Mais les prêtres, qui devaient faire cause commune ou rivaliser avec les tyrans, devaient être aussi jaloux de l'imposer à ceux qu'ils ont asservis et avilis de même : et au nom de qui ? d'un DIEU! représenté, il est vrai, par eux, comme un tyran impitoyable.....

Nous placerons, nous, dans le *décadi* républicain et raisonnable, notre grand jour, et nous le sanctifierons, non par la stérile ou licencieuse oisiveté, mais par notre dévotion à la Nature. Nous nous livrerons à la recherche et à la contemplation de ses ouvrages, et notre admiration pour elle sera sans doute l'hommage le plus éclatant rendu à son Auteur.

Nous ne voudrons, nous, avouer et célébrer d'autres fêtes, que celles appellées *nationales*, instituées en l'honneur de quelque évènement mémorable, relatif à la gloire ou au salut de la Patrie, et plein du plus grand intérêt pour la Nation entière. Et au milieu de nos Concitoyens, réunis ensemble dans une vaste enceinte et sous la céleste voûte, animés du même esprit général et de la même joie commune, c'est alors que nous serons dignes de nous regarder en présence de L'ÊTRE-SUPRÊME, et d'attirer ses regards.

Nous ne voudrons, nous, reconnaître et honorer d'autres *saints*, que les véritables héros, défenseurs, apôtres, ou martyrs de la Liberté, que ceux qui, s'étant réellement immortalisés par leurs actions, leurs découvertes ou leurs écrits, auront mérité d'être admis dans le panthéon de la reconnaissance publique, et de vivre à jamais dans la mémoire des Hommes.

Nous ne craindrons, nous, d'autre *enfer*, que celui que le crime malfaisant et inhumain renferme, et nous croirons que notre bonheur sans fin ou notre vrai *paradis* se trouve dans la vertu bienfaisante et humaine. Nous croirons enfin, que satifaire à la Nature, à la Patrie et à l'Humanité, c'est satisfaire en même tems à la volonté suprême du TRÈS-HAUT; et après avoir fait tout le bien qui pouvait dépendre de nous, après avoir vécu en paix et heureux avec nous-mêmes, nous nous reposerons en mourant, avec confiance et sans crainte, dans le sein de L'ÉTERNEL.

Oh! espérons que ce simple bon sens qui nous parle, parlera bientôt de même à tous nos Concitoyens, qui, après s'être débarrassés du joug des rois, ne voudront pas supporter plus long-tems le joug des prêtres, plus humiliant et plus funeste encore. Espérons aussi que les prêtres eux-mêmes, participant comme nous aux progrès des lumières, et au triomphe de la VÉRITÉ, rougiront d'avoir été les premières dupes de leurs erreurs, et s'empresseront d'en faire une honorable pénitence. Et combien ne pourraient-ils pas se rendre recommendables, si, pénétrés de la véritable charité fraternelle, ils employaient l'ascendant qu'ils ont sur les esprits faibles ou ignorans, pour les convertir paisiblement à la RAISON! Il en serait de même des rois, s'ils pouvaient reconnaître l'iniquité de leur domination, et profiter de l'empire qu'ils exercent sur les ames dégradées et serviles, pour les restituer sans secousse à la LIBERTÉ.

FIN.

Nota. Quelques autres articles, savoir: *Scarabé*, *Serpent*, *Souris*, *Taon et Vache*, devaient encore entrer dans le plan de ce premier travail; mais la cherté et la difficulté de l'impression, nous forcent de les renvoyer à une autre Edition, ou au second Volume, si celui-ci reçoit l'accueil que nous avons lieu d'espérer.

BIBLIOTHEQUE ROYALE

www.ingramcontent.com/pod-product-compliance
Ingram Content Group UK Ltd.
Pitfield, Milton Keynes, MK11 3LW, UK
UKHW022058190726
13855UKWH00002B/545

9 782013 472869